Erhard Roy Wiehn Antisemitismus

Erhard Roy Wiehn

Zur Geschichte und Aktualität des Antisemitismus

Ein Diskussionsbeitrag

Hartung-Gorre Verlag Konstanz

Umschlagückseite: oben zur Israel-Stele:
https://de.wikipedia.org/wiki/Merenptah-Stele; unten Zitat aus: Pessach-Hagada – Israel Meir Levinger (Hg.), Die Basler Hagada. 4. Auflage, Basel 1994, S. 22;
Herstellung: Libri Plureos GmbH, Hamburg.

<u>1940–2020</u>
80 Jahre Deportation der südwestdeutschen Jüdinnen und Juden nach Gurs und andere Internierungslager in Südwestfrankreich sowie
75 Jahre Ende des Zweiten Weltkriegs und der Holocaust-Schoáh

Bibliografische Information der Deutschen Nationalbibliothek
Die Deutsche Nationalbibliothek verzeichnet diese Publikation in der Deutschen Nationalbibliografie; detaillierte bibliografische Daten sind im Internet über https://dnb.dnb.de abrufbar.

Erste Auflage 2020
Hartung-Gorre Verlag Konstanz Germany
ISBN 978-3-86628-677-1 und 3-86628-677-5

Inhalt

"'Die Juden haben uns wie eine Gräte im Hals gehangen. Sie waren wie wir, sogar ganz und gar wie wir, zugleich waren sie aber auch fremd, und sie haben uns die ganze Zeit gereizt. Vielleicht nicht mit Absicht. Du zerbrichst dir den Kopf und versuchst, es richtig zu machen, aber sie sind einfach schneller als du, flinker als du. Sie sind immer vor dir am Ziel. Ihre Schnelligkeit hat uns um den Verstand gebracht.'"

Aharon Appelfeld, Elternland. Berlin 2007, S. 172.

Antisemitismus als bleibende Herausforderung

Es gibt Themen, die einen als Probleme nicht loslassen, über Jahrzehnte beschäftigen und immer wieder einholen.

In meinem Vorwort zu *Judenfeindschaft – Eine öffentliche Vortragsreihe an der Universität Konstanz 1988/89* (Konstanz 1989, S. 7) schrieb ich an Purim 5749 (im Februar 1989) – vor 31 Jahren also: "Daß Judenfeindschaft als uraltes Phänomen bis heute höchst aktuell geblieben ist, wenn auch vielleicht in mancherlei neuern Formen, daran kann es wohl leider nicht den geringsten Zweifel geben. Nach wie vor ist dies eine ebenso ärgerliche wie schwer begreifliche Tatsache, eine moralische, soziale, politische Herausforderung und ein brisantes wissenschaftliches Problem zugleich, insbesondere für eine Soziologie mit dem Anspruch zeitgenössischer Aufklärung, deren Grenzen gerade hier infrage stehen.

Eine Vortragsreihe über *Judenfeindschaft* im Wintersemester 1988/89 an der Universität Konstanz bedurfte daher keiner besonderen Rechtfertigung, und sie wäre auch ohne den 50. Jahrestag des Novemberpogroms von 1938 durchaus gut begründet gewesen. Dabei war zunächst an eine systematischere Präsentation dieser komplexen Problematik gedacht, im Rahmen der verfügbaren Finanzmittel jedoch nicht realisierbar. Gleichwohl ist eine vielseitige Reihe von insgesamt neun Vorträgen zustande gekommen und auf ein so anhaltendes Interesse gestoßen, daß ihre vollständige Veröffentlichung gerechtfertigt erscheint."[1]

Ein meiner Einleitung[2] zur Vorlesungsreihe zitierte ich unter anderem die *Jüdische Rundschau* (Basel) Nr. 12/13 (S. 3) von

[1] Erhard Roy Wiehn (Hg.), Judenfeindschaft. Konstanz 1989, S. 9.

[2] Ebenda, S. 9-15.

1947: "Steigender Antisemitismus in Deutschland" lautete die Überschrift einer Meldung: "Eine von amerikanischer Seite durchgeführte Umfrage habe ergeben, 'daß noch immer große Teile der deutschen Bevölkerung zum Antisemitismus neigen. – Befragt wurden 3.415 Personen der US-Zone und in Berlin. Danach sind 19 v.H. der Befragten Nationalsozialisten, 22 v. H. als Anhänger der nationalsozialistischen Rassentheorie und 20 v.H. als mehr oder weniger überzeugte Antisemiten zu bezeichnen. (...) Die Umfrage habe auch gezeigt, daß im Vergleich zu einer früheren Umfrage nationalsozialistische Gefühle unter den Deutschen in den letzten acht Monaten angewachsen sind. Es habe sich erwiesen, daß ungefähr vier von zehn Personen in der Zone ernsthaft zum Antisemitismus neigen. – Das Anwachsen des Antisemitismus scheine durch viele Tatschen beeinflußt zu sein. Auffallenderweise sei der Prozentsatz antisemitischer Frauen größer als der von Männern.'" – Das war im Jahre 1947, zwei Jahre nach dem Ende der NS-Zeit.[3]

Weiter habe ich damals folgendes zitiert: "'In den Nacht vom 24. Zum 25. Dezember 1959 (...) wurde die Synagoge in Köln mit antisemitischen Aufschriften und Hakenkreuzen besudelt', erinnerte der Soziologe und Antsemitismusforscher Alphons Silbermann 1982: 'Es begann eine Welle antisemitischer Handlungen, die mit 58 solcher Fälle allein für den 7. Februar 1960 einen nennenswerten Höhepunkt erreichte, bei dem unbekannte Täter Mauern, Wände und Türen mit antisemitischen Parolen und Hakenkreuzen beschmierten. (...)" Das war 15 Jahre nach dem Ende des NS-Regimes. – Anfang 1981 – also 36 Jahre danach – lesen wir, daß die Sicherheitsbehör-

[3] Dazu auch in: Erhard Roy Wiehn (Hg.), Judenfeindschaft. Konstanz 1989, S. 231 ff.

den eine Zunahme antisemitischer Aktionen in der Bundesrepublik registriert haben. 'Allein im vergangenen Jahr', so heißt es (also 1980, ERW), 'wurden 42 jüdische Friedhöfe und Kultstätten geschändet. In 44 Fällen gab es Gewaltdrohungen gegen jüdische Mitbürger (...). – Antisemitische Ausschreitungen dieser oder anderer Art – mal als die Tat jugendlicher Raufbolde, mal als die Tat von Rechtsextremisten hingestellt – haben sich (...) immer wieder ereignet. Nur wurden sie von der Tagespresse nicht länger für nachrichtenwertig genug gehalten, um sie im einzelnen öffentlich zur Kenntnis zu bringen. Nur krassen Skandalen, z.B. die 'Judenverbrennung' durch betrunkene Bundeswehroffiziere (1977) oder haßvolle antijüdische Äußerungen von im öffentlichen Leben stehenden Personen (Politiker, Bürgermeister, Lehrer etc.) gingen noch, mit oder ohne Kommentar versehen, durch die Presse. (...) Offensichtlich handelt es sich beim Antisemitismus, umschreibe man ihn als eine judenfeindliche Haltung oder als Judenhaß, gelinde ausgedrückt um einen 'internationalen Ausschlag' der mal auf diese oder jene Weise zum Ausdruck kommt.'"[4] – Gelinde ausgedrückt.[5]

Immer noch meine Einleitung von 1988: "Folge man der empirischen Sozialforschung[6] und glaube man an die neuesten Ergebnisse ihrer Studien, schreibt Henryk M. Broder 1986, so habe mehr als die Hälfte der Bundesbürger mehr oder weniger stark ausgeprägte antisemitische Empfindungen. Aber: Das ist überhaupt kein Grund zur Panik, in anderen Ländern sieht es noch schlimmer aus." In Österreich zum Beispiel, so hätten Forscher der Universität Wien in einer Ende 1984 vorgelegten

---

[4] Alphons Silbermann, Sind wir Antisemiten? Köln 1982, S. 9 f.

[5] Erhard Roy Wiehn (Hg.), Judenfeindschaft. Konstanz 1989, S. 14 f.

[6] Ebenda, S. 244 ff.

Untersuchung herausgefunden, "sollen nur 15% der Bevölkerung den Juden 'weitgehend vorurteilsfrei' gegenüberstehen (...)", für die Bundesrepublik seien, vor allem von Alphons Silbermann, ähnliche Werte ermittelt worden.[7] – "Denn tief im Volksgemüt sitzen alte Vorurteile gegen uns", schrieb Theodor Herzl 1896: "Wer sich davon Rechenschaft geben will, braucht nur dahin zu horchen, wo das Volk sich aufrichtig und einfach äußert (...)"[8] – die Äußerungen des Bürgermeisters von Korschenbroich oder eines christdemokratischen Bundestagsabgeordneten sind einschlägige Kostproben aus jüngerer Zeit. Das Ende der "Schonzeit" war angesagt in den Theaterszenen von Frankfurt und Konstanz und nicht zuletzt auch in den Medien, – ja, der Anfang von diesem Ende ist inzwischen längst schon angebrochen.

Antisemitismus nach Auschwitz oder "Die Deutschen werden den Juden Auschwitz nie verzeihen"?[9] – Der Schriftsteller Siegfried Lenz "ist 'fassungslos'", berichtete die Allgemeine jüdische Wochenzeitung in Bonn, "daß es in der Bundesrepublik trotz der 'grauenhaften Eröffnungen über den millionenfachen Mord' an Juden während der NS-Zeit unter jungen Menschen 'immer noch Antisemiten' gibt. In einem Interview der Tageszeitung *Die Welt* nannte es [Siegfried Lenz, ERW] der diesjährige (1988) Friedendpreisträger des Deutschen Buchhandels, das 'Besondere' an der Bundesrepublik, 'daß wir einen – wenn auch minimalen – Antisemitismus ohne Juden haben'. Hier sei unentwegte Aufklärung nötig, meinte Lenz und plädierte für eine verstärkte Berücksichtigung des Themas Anti-

---

7 Henryk M. Broder, Der ewige Antisemit. Frankfurt 1986, S. 73 f.

8 Theodor Herzl, "Wenn ihr wollt. Ist es kein Märchen – Altneuland / Der Judenstaat. Hrsg v. J.H. Schoeps. Kronberg 1978, S. 200

9 Henryk M. Broder, a.a.O., S. 125 ff.

semitismus und Rassismus in den Schulen."[10] – Ja, unentwegte Aufklärung.

Machen wir nun einen großen Sprung von 1988 bis 2019/20: Unter dem Stichwort "Antisemitismus" wurden aus der *Frankfurter Allgemeinen Zeitung* von Anfang Juni 2019 bis Anfang März 2020, folgende Schlagzeilen und Textauszüge ausgesucht, und zwar ohne Anspruch auf Vollständigkeit:

"Rivlin 'schockiert' über Kippa-Äußerung Kleins – Israels Staatspräsident Reuven Rivlin hat 'zutiefst schockiert' auf den Rat des Antisemitismusbeauftragten der Bundesregierung, Felix Klein, reagiert, sich nicht überall in Deutschland mit der Kippa zu zeigen. (…) Die EU-Spitzenkandidatin der SPD, Bundesministerin Katarina Barley, sagte, die immer häufigeren Gewalttaten gegen Juden seiend beschämend für Deutschland. Rechte Bewegungen griffen die Demokratie an und 'zielen auf unser friedliches Zusammenleben'" – "2018 war die Zahl antisemitischer Straftaten erheblich angestiegen. Der jüngste Jahresbericht zur politisch motivierten Kriminalität hatte 1.799 Fälle ausgewiesen, das waren 19,6 Prozent mehr als 2017. (…) Etwa 90 Prozent der Straftaten seien dem rechtsradikalen Umfeld zuzurechnen, hatte es bei der Vorstellung der neuen Statistik geheißen. (…)" [11]

"Berlin will Antisemitismus stärker bekämpfen – Maas: Noch deutlicher Gesicht zeigen / Beauftragter Klein verteidigt Warnung".[12] – "Steinmeier: Staat muss Juden schützen – Einen Tag vor er geplanten judenfeindlichen Al-Quds-Demonstration in Berlin hat Bundespräsident Frank-Walter Steinmeier dazu aufgerufen, Antisemitismus in allen seinen Formen zu

[10] Allgemeine Jüdische Wochenzeitung, 30.09.1988, S. 5.

[11] Frankfurter Allgemeine Zeitung, Nr. 122, 27. 05.2019, S. 1 u. 7.

[12] Frankfurter Allgemeine Zeitung, Nr. 124, 29.05.2019, S. 1.

bekämpfen. Dies sei Bürgerpflicht. (...)"[13] – Timo Frasch: "Kampf mit der Definition – Spaenles Strategie gegen den Antisemitismus".[14] – "Die baden-württembergische Kultusministerin Susanne Eisenmann (CDU) sagte, gerade in Zeiten eines erstarkenden Antisemitismus müsse an die Opfer des nationalsozialistischen Terrorregimes erinnert werden."[15]

"(...) Die grundsätzliche Spannung, die seine Aufgabe kennzeichnet, zeigt sich schon in Felix Kleins Titel: Als 'Beauftragter der Bundesregierung für jüdisches Leben in Deutschland und den Kampf gegen Antisemitismus' (...). Die Aufgabe, die Erinnerung zu bewahren, betreffe die ganze Gesellschaft. Ebenso die, gegen Antisemitismus vorzugehen – in allen seinen Formen. (...) Etwa Israel-Hass: Dieser stelle mittlerweile 'die am weitesten verbreitete Form des Antisemitismus in Deutschland und Europa' dar."[16]

"Bewaffneter Angriff auf Synagoge in Halle – Zwei Menschen erschossen/Sicherheitskreise: Anhaltspunkte für Rechtsextremismus"; dazu Jasper von Altenbockum: "Terror in Halle – Die Türen der Synagoge hielten dem Terroranschlag stand. (...)" – Dazu von Reinhard Bingener ganzseitig Seite 3: "Horrorszenario an Jom Kippur – Am höchsten jüdischen Feiertag wird in Halle auf die Synagoge geschossen, zwei Passanten werden getötet. Vieles deutet auf einen Anschlag von Rechtsextremen hin."[17]

"Steinmeier: Jüdische Einrichtungen müssen besser geschützt werden – Generalbundesanwalt bezeichnet Angriff von Halle als Terror / Kritik an der AfD"; dazu Seite 2: "Trägt

---

[13] Frankfurter Allgemeine Zeitung, Nr. 126, 01.06.20^9, S. 1.

[14] Frankfurter Allgemeine Zeitung, Nr. 187, 14.08.2019, S. 4.

[15] Frankfurter Allgemeine Zeitung, Nr. 210, 10.09.2019, S. 7.

[16] Frankfurter Allgemeine Zeitung, Nr. 217, 18.09.2019, S. 6.

[17] Frankfurter Allgemeine Zeitung, Nr. 235, 10.10.2019, S. 1 u. 3.

die AfD Mitschuld an dem Anschlag? – Hermann: Geistige Brandstifter / Gauland: Infam". – Von drei Autoren ganzseitig Seite 3: "Eine Tat auf fruchtbarem Boden – Viele Politiker wollen nach dem Anschlag auf die Synagoge in Halle keinen Zweifel aufkommen lassen, dass sie etwas gegen Antisemitismus tun. (…)"[18]

"Stephan B. gibt antisemitisches Motiv für Tat an – Rechtsextremist von Halle veröffentlicht Bauanleitungen von Waffen im Internet"; dazu von Markus Wehner Seite 2: "Freund oder Feind? – Die AfD und der Antisemitismus".[19] – "Seehofer: Mehr Schutz für Juden – Sechs-Punkte-Plan vorgestellt/Hunderte neue Stellen"; Bundespräsident: "Steinmeier: Stephan B. war kein Einzeltäter – Rede über die Morde in Halle / Seehofer kündigt Plan zum Kampf gegen Antisemitismus an". – Dazu Seite 4: "Seehofer: Mehr Schutz für Juden – Sechs-Punkte-Plan vorgestellt / Hunderte neue Stellen".[20]

Ronald S. Lauder (seit 2007 Präsident des World Jewish Congress) Seite 9: "Was tut Ihr dagegen? – Eine neue Studie belegt, dass Juden in Deutschland aufs Neue wachsendem Antisemitismus ausgesetzt sind. (…) Das alarmierende Ergebnis ist, dass siebenundzwanzig Prozent aller Deutschen und achtzehn Prozent der deutschen Eliten antisemitisch sind. Eine Vielzahl von Deutschen ist der Meinung, dass Juden zu viel über den Holocaust sprechen (41 Prozent), beinahe die Hälfte der deutschen Eliten gibt an, Juden seien Israel gegenüber loyaler als gegenüber Deutschland (48 Prozent), und mehr als ein Viertel der deutschen Eliten vertritt die antisemitische Überzeugung, dass Juden im Geschäftsleben (28 Prozent) und

[18] Frankfurter Allgemeine Zeitung, Nr. 236, 11.10.2019, S. 1 u. 2.

[19] Frankfurter Allgemeine Zeitung, Nr. 237, 12.10.2019, S. 1 u. 2.

[20] Frankfurter Allgemeine Zeitung, Nr. 242, 18.10.2019, S. 1 u. 4.

in globalen Angelegenheiten zu viel Macht haben. (...) – Wenn es ein Land auf der Erde gibt, das extrem empfindsam sein sollte, wenn es um Antisemitismus geht, dann ist es Deutschland. (...)"[21]

Thomas Thiel: " Der Kurswechsel wird zum Kraftakt – Das Jüdische Museum Berlin war zum Forum der Israel-Boykottbewegung BDS mutiert – mit dubiosen Querverbindungen. (...) Das Jüdische Museum und der Migrationsrat der Bundesregierung schufen eine Atmosphäre, in der die Verharmlosung bestimmter Formen des Antisemitismus normal wurde. (...)"[22]

Christian Meier: "Munition im Meinungskampf – Der Antisemitismus ist wandlungsfähig und verbindet sich mit politischen Debatten – von Israel bis zur Globalisierung."[23] – "Steinmeier beklagt 'kruden Antisemitismus' in Deutschland – Rede beim Holocaust-Forum in Yad Vashem / Netanjahu warnt vor Iran – Bundespräsident Frank-Walter Steinmeier hat Zweifel daran geäußert, ob die Deutschen dauerhaft die richtigen Lehren aus dem Nationalsozialismus gezogen haben. (...)"[24]–

Im Zeichen des Holocaust-Gedenktages von Jürgen Kaube: "Die Lehren aus Auschwitz – (...) Wir haben Jahrzehnte des über alle Kanäle verbreiteten Wissens über Auschwitz hinter uns, aber in den Umfragen will der Antisemitismus nicht abnehmen."[25]

"Rivlin: Die Verantwortung Deutschlands ist enorm – Der israelische Staatspräsident Reuven Rivlin hat in seiner Rede im Bundestag Deutschland zum Kampf gegen den sich aus-

---

[21] Frankfurter Allgemeine Zeitung, Nr. 248, 25.10.2019, S. 9.
[22] Frankfurter Allgemeine Zeitung, Nr. 293, 17.12.2019, S. 11.
[23] Frankfurter Allgemeine Zeitung, Nr. 16, 20.01.2020, S. 8.
[24] Frankfurter Allgemeine Zeitung, Nr. 20, 24.01.2020, S. 1.
[25] Frankfurter Allgemeine Zeitung, Nr. 22, 27.01.2020, S. 1.

breitenden Antisemitismus aufgerufen. (...) Frank-Walter Steinmeier, der vor Rivlin sprach, warnte vor dem Aufleben von Antisemitismus, Rassismus und völkischem Denken."[26]

"Bezeichnung 'frecher Jude' ist Volksverhetzung – Wer die Bezeichnung 'frecher Jude' verwendet, kann sich nicht auf das Recht auf freie Meinungsäußerung berufen, sondern macht sich der Volksverhetzung strafbar. Das Oberlandesgericht Hamm hat am Mittwoch in einem Revisionsverfahren entschieden (...)"[27]

"Hetze gegen Juden – Nach Beobachtung des baden-württembergischen Antisemitismus-Beauftragten Michael Blume wird die Angst vor dem Coronavirus im Internet für Hetze gegen Juden instrumentalisiert. 'Antisemiten versuchen, Ängste der Bevölkerung vor dem Coronavirus zu schüren und zu nutzen, um Verschwörungserzählungen in die Welt zu setzen', sagte Blume. Youtuber behaupteten, das Virus werde von amerikanischen Juden hergestellt und verbreitet. Die Rede sei von einer 'zionistischen Weltverschwörung für eine Neue Weltordnung'. (...)"[28] – Hier schließt sich der böse Kreis zum Vorwurf der Brunnenvergiftung und Pest im 14. Jahrhundert.[29]

75 Jahre nach dem Ende des Zweiten Weltkriegs und der Holocaust-Schoáh ist dies eine ebenso deprimierende wie alarmierende Bilanz von rund drei Generationen Aufklärungsarbeit, die man jedoch zugleich als erneute Bestätigung der ärgerlichen Erfahrung sehen kann: *Solange es Juden gibt, solange gibt es Judenfeindschaft – sogar ohne Juden.* Aber genau

---

[26] Frankfurter Allgemeine Zeitung, Nr. 25, 30.01.2020, S. 1.

[27] Frankfurter Allgemeine Zeitung, Nr. 43, 20.02.2020, S. 4.

[28] Frankfurter Allgemeine Zeitung, Nr. 57, 07.03.2020, S. 16; weitere FAZ-Nummern konnten coronabedingt nicht berücksichtigt werden.

[29] Erhard Roy Wiehn, Jüdisches Leben und Leiden in Konstanz. Konstanz 2014.

diese rätselhafte Feststellung soll hier als Herausforderung verstanden werden, sich einmal mehr mit diesem ebenso alten wie aktuellen Phänomen und Problem zu befassen. (Purim 5780 – 10. März 2020)

Nach diesem früheren Ende meiner Einführung bot die Coronazeit[30] Gelegenheit, folgende einschlägige Buch –Neuerscheinungen durchzusehen:

Zunächst Samuel Salzborn,[31] *Kollektive Unschuld. Die Abwehr der Shoah im deutschen Erinnern* (Berlin 2020):[32] Direkt einschlägig erscheint nur Kapitel "4. Gesellschaftliche Selbstfindungen: Antisemitische Schuldabwehr" (S. 67-82), und hier wird daran erinnert, dass bereits in den ersten Nachkriegsforschungen "antisemitische Einstellungen nicht eine Ausnahme, sondern die Regel" waren (S. 69). Vor diesem Hintergrund war es nur folgerichtig, dass auch die erste bundesweite empirische Umfrage vom Herbst 1949 – dem Gründungsjahr der Bundesrepublik Deutschland – ergab, dass sich immerhin noch ein Viertel der deutschen Bevölkerung selbst als AntisemitInnen klassifizierte, wobei der Anteil im Jahr 1952 sogar auf ein Drittel stieg. Das Klima der 1950er Jahre war geprägt von einer Renazifizierung bzw. einer unzureichenden Entnazifizierung." (S. 70)[33] Und parallel zur wachsenden Ablehnung von öffentlichen Formen des Antisemitismus habe die Toleranz für antisemitische Äußerungen im privaten Bereich je-

---

30 Die Universität Konstanz war seit 17. März 2020 geschlossen, und ich hatte erst wieder seit dem 3. August 2020 Zugang.

31 Samuel Salzborn ist Antisemitismus- und Rechtsextremismusforscher und lehrt Politikwissenschaft an der Universität Gießen

32 Dazu die Rezension von Johanna Christner, "Die größte Lüge? Debattenbeitrag zur Erinnerungskultur", in: Frankfurter Allgemeine Zeitung, Nr. 137, 16, Juni 2020, S. 6.

33 Dazu: Michael Borchard, Eine unmögliche Begegnung — David Ben-Gurion und Konrad Adenauer. Freiburg 2019, S. 106, 167, 213, 228, 260, 324ff.

doch weiter fortbestand (S. 72). "Die heute dominante Form des Antisemitismus richtet sich gegen Israel, nur allzu gern versuchen AntisemitInnen, sich hinter der Formel, dass Israelkritik doch nicht Antisemitismus sein, zu verstecken und auf diese Weise Antisemitismus zu trivialisieren." (S. 81)

Alsdann Ronen Steinke,[34] *Terror gegen Juden – Wie antisemitische Gewalt erstarkt und der Staat versagt. Eine Anklage* (Berlin 2020). Dieser Autor kommt vor dem Hintergrund einer detaillierten Chronik antisemitische Vorfälle heftiger zur Sache, und im Schlusskapitel "Schluss damit – Was sich ändern muss" (S. 131-148) heißt es u.a.: Klar, es gebe wieder jüdisches Leben in Deutschland: "Aber was es nicht gibt in diesem Land, auch nicht nach siebzig Jahren Demokratie und Grundgesetz: angstfreies jüdisches Leben." Und: "Was stimmt, ist, dass Verschwörungstheorien insgesamt Konjunktur haben,[35] und damit auch der Antisemitismus, die wirkmächtigste und historisch am besten eingeübte." (S. 131) Also "Was es braucht: 1. Hate Crimes schärfer bestrafen" (S. 133). "2. Eine Justiz, die niemals die Argumentation antisemitischer Täter übernimmt (S. 134). "3. Viel konsequentere Entlassungen von Rechtsextremen aus der Polizei" (S. 135) "4. Schutz jüdischer Einrichtungen" (S. 137) Mit diesen Forderungen sein noch lange nicht alles gut; aber es sei eine Minimalvoraussetzung, wenn Jüdinnen und Juden sich überhaupt eine positive Version eines Lebens in dieser Republik bewahren wollen: "Drunter geht's nicht." (S. 138)

---

[34] Dr. Ronen Steinke ist promovierter Jurist und Redakteur der Süddeutschen Zeitung (Klappentext).

[35] Michael Butter, "Aufregung in den Echokammern –Verschwörungstheorien scheinen zu florieren. Oder gewinnen sie nur an Öffentlichkeit? Über ein beunruhigendes Phänomen in Zeiten der Corona-Krise", in: Frankfurter Allgemeine Zeitung. Nr. 183, 8. August 2010, S. 11.

Schließlich Michael Blume,[36] *Warum der Antisemitismus uns alle bedroht – Wie neue Medien alte Verschwörungsmythen befeuern* (Ostfildern 2019): In folgenden drei Abschnitten versucht der Autor seine Titelfrage zu beantworten: "1. Mythen und Missverständnisse – Kennzeichen des Antisemitismus" (S. 33ff.); "2. Sems Erfolgsgeheimnis – Das Alphabet" (S. 99ff.); "3. Mythen, Medien, mächte- Ein Blick zurück nach vorn" (S. 153ff.): "In diesem Buch werde ich die These vertreten, dass wir für das Verständnis von Semitismus und Antisemitismus keine Pseudogenetik und keine Verschwörungsmythen brauchen. Vielmehr haben wir es mit der immer noch völlig unterschätzten Wirkung von Medien zu tun. (…) Es ist Zeit, die Antisemiten genau dort zu stellen, von wo sie angreifen – auf dem Feld der Medien und er medial geprägten Mythen." (S. 31) – Michael Blumes Schrift endet unter dem Motto "Trotz allem optimistisch mit folgenden Zeilen: "Ja, ich sehe den Antisemitismus und seine Gefahren. Doch der Regenbogen symbolisiert ein Mahnmal gegen das Vergessen; er verharmlost also gar nichts. Und zugleich leuchtet er uns immer noch voraus – in allen Farben der kommenden Welt." (S. 176)

*

"'Ich dachte, wir hätten die Sache mit den Juden hinter uns. Da habe ich mich wohl getäuscht. Das währt ewig. Immer hat es Juden gegeben, und immer wird es welche geben.' – 'Ein Jud bleibt ein Jud. Egal, was er macht, er bleibt immer ein Jud.'" Aharon Appelfeld, Elternland. Berlin 2007, S. 124 u. 175.

7. August 2020

---

[36] Dr. Michael Blume ist Religionswissenschaftler und Referatsleiter für nichtchristliche Religionen im Staatsministerium Baden-Württemberg sowie Beauftragter der Landesregierung gegen Antisemitismus.

Zur Geschichte und Aktualität des Antisemitismus*

"Antisemitismus ist, wenn man die Juden noch weniger leiden kann, als es an sich natürlich ist", lautet ein launiges Bonmot. Kein Zweifel, dass Judenfeindschaft als uraltes Phänomen gerade auch heute wieder absolut aktuell ist, wenngleich sie im Laufe der Jahrhunderte zahlreiche Metamorphosen erfahren hat.

Diese alte neue Aktualität der Judenfeindschaft spiegelt sich auch im Netz: Im Internet fanden sich unter dem Begriff "Antisemitismus" vor 12 Jahren (20.02.2008) ca. 216.000 Einträge, unter "Judenfeindschaft" 34.100, "Judenhass" 12.500. In ihrer kürzlichen Rezension von Delphine Horvilleurs *Überlegungen zur Frage des Antisemitismus* (Berlin 2020)[37] schreibt Hannah Bethke einleitend: "Mehr als viereinhalb Millionen Treffer zählt Google, wenn man 'Antisemitismus' eingibt; in der englischen Version erhöht sich die Trefferzahl auf gut achtundzwanzig Millionen. Fast fünfzigtausend Publikationen über Antisemitismus zählt die bibliographische Datenbank WorldCat, für den deutschsprachigen Raum erfasst die Deutsche Nationalbibliothek knapp viereinhalbtausend Titel."

---

* Vortrag in verkürzter ähnlicher Form in der VHS Konstanz am 2. April 2008.

[37] Hannah Bethke, "Der Weissheit letzter Schluss – Geschlechterfrage inbegriffen: Die französische Rabbinerin Delphine Horvilleur denkt über Motive des heutigen Antisemitismus nach." In: Frankfurter Allgemeine Zeitung, Nr. 57, 7. März 2020, S. L12. – Das ebenso neue wie interessante Buch der französischen Rabbinerin hat folgende Gliederung: Prolog (S. 13 ff.) – 1. Antisemitismus als Familienrivalität (S. 19 ff.); 2. Antisemitismus als Zivilisationskampf (S. 45 ff.); 3. Antisemitismus als Krieg der Geschlechter (S. 73 ff.); 4. Antisemitismus als Wahlkampf (S. 95 ff.); 5. Die jüdische Ausnahme (S. 111 ff.) – Hannah Bethkes Rezension habe ich am 7. März 2020 gelesen, am 11. März war das neue Buch besorgt, und am 12. März habe ich es gelesen (141 Seiten): Es handelt sich u kluge Überlegungen mit mancherlei Parallelen zu meiner vorliegenden Skizze; im folgenden werde Verweise auf bzw. Zitate aus Delphine Horvilleur mit * markieren.

1. Lexikalisches zum Antisemitismus

In Meyers Konversations-Lexikon aus dem Jahre 1894 findet sich der Begriff "Antisemitismus" nicht, dafür aber das Stichwort *"Antisemiten, die Gegner der Juden;*[*] *Antisemitismus, Feindschaft gegen die Juden. Die antisemitische Bewegung, in Rußland, Rumänien, Österreich und Ungarn, auch im östlichen und mittleren Deutschland, also in den Ländern verbreitet, wo die Juden in größerer Zahl wohnen, allmählich aber auch nach anderen Ländern übergreifend, ist durch den immer wachsenden wirtschaftlichen und politischen Einfluß der von den früheren Schranken befreiten jüdischen Bevölkerung veranlaßt und strebt danach, diese Schranken wieder aufzurichten und die Juden aus den öffentlichen Ämtern zu verdrängen, ja sie ganz zu vertreiben..."*[38]

In Meyers Lexikon von 1936 heißt es: *"Antisemitismus, antijüd. Bewegung seit Ende des 19. Jh., entstand als Folge der Judenemanzipation. Antijüd. Äußerungen gab es in allen Völkern und zu allen Zeiten aufgrund der Unterschiede zw. diesen und den Juden. Im M.A. bekämpfte man die Juden als einen nichtchristl. Fremdkörper; im Zuge der Emanzipation begann man sie als Nation und als Volk anzuerkennen. Der A. be-*

---

[*] "In der Thora erzählt also die Geschichte der Hebräer und der Söhne Israels als deren Hinauswandern aus der Geografie ihrer Geburt in ein Gelobtes Land, das sie im Laufe des Berichts nie erreichen, aber bis zur letzten Zeile zum Ziel haben. – Von Juden hingegen ist nie die Rede. Zumindest nicht im Sinne einer kollektiven Religionszugehörigkeit, unter der wir sie heute subsumieren. In der Thora beschreibt die hebräische Wurzel des Wortes Jude, *Yehudi* auf Hebräisch, zunächst den Stamm Juda (die Judäer) oder dessen Territorium (Judäa), nie aber die religiöse Identität eines ganzen Volkes." Erst im *Buch Ester* (ca. 400 v.u.Z) von einem Juden namens *Mordechai* die Rede, und erstmals wird darin *Juden-Feindschaft* thematisiert; Delphine Horvilleur, a.a.O., S. 25 ff.; https://de.wikipedia.org/wiki/Buch_Ester; zum Thema Juden und Judentum auch: Amoz Oz u. Fania Oz-Salzberger, Juden und Worte. Berlin 2013, S. 179 ff.

[38] Meyers Konversations-Lexikon. Erster Band, Leipzig u. Wien 1894, S. 684.

zeichnet den Gegensatz und die Fremdheit der Rasse zw. den Gastvölkern und den Juden. Folgende bekannte Deutsche des 19. Jh. haben in antijüd. Weise Stellung genommen: Richard Wagner, J.F. Fries, Fr. Rüsz, A. Lipps, H. v. Treitschke, Eugen Dühring, Theodor Fritsch..."[39]

In Meyers großem Universal-Lexikon vom Jahre 1981 steht: *"Antisemitismus, 1879 von W. Marr geprägter Begriff für Bestrebungen gegen die Juden, insofern irreführend, als nicht die Gesamtheit der semit. Völker gemeint ist. Die Judenfeindschaft reicht bis in die jüd. Diaspora zurück. Der A. entzündete sich primär an der religiösen und sozialen Absonderung der Juden im Gastland, die die jüd. Minderheit schon vor der Durchsetzung des Christentums als fremdartig erscheinen ließ; bis ins 19. Jh. zielt er auf die konfessionelle und soziale Assimilation der jüd. Minderheit. Seitdem wendet sich der A. u.a. gegen die Bestrebungen zur rechtl. und gesellschaftl. Gleichstellung (Judenemanzipation). Daher muß zwischen traditioneller Judenfeindschaft (Judentum, Judenverfolgung) und modernem A. unterschieden werden. Beide sind sozialpsycholog. als Reaktion auf die religiöse und soziale Sonderstellung der jüd. Gemeinden und das starke innerjüd. Zusammengehörigkeitsgefühl zu erklären. Der A. ist in christl. Kulturen bes. stark hervorgetreten (Überlieferung des NT), aber nicht auf diese beschränkt."*[40]

In der Internet-Wikipedia-Enzyklopädie heißt es einleitend: "*Judenfeindlichkeit* ist eine pauschale Ablehnung von *Juden* aus verschiedenen Motiven. Synonym dafür wird heute auch der Begriff *Antisemitismus* verwendet, der seit 1879 eine besondere *nationalistische* und *rassistische* Judenfeindschaft be-

[39] Meyers Lexikon, Erster Band, Leipzig 1936, S. 436.

[40] Meyers großes Universal-Lexikon, Band 1, Wien u. Zürich 1981, S. 467.

zeichnet. – Juden waren und sind seit mehr als 2000 Jahren weltweit oft – besonders in *Europa* – *Anfeindung, Unterdrückung, Diskriminierung, Verfolgung, Pogromen, Vertreibung* und *Ermordung* ausgesetzt. Diese Feindschaft richtete sich gegen: das jüdische *Volk* im Raum *Palästina*: *Antike Judenfeindschaft*; das *Judentum* bzw. die *jüdische Religion*: *Antijudaismus im Mittelalter,* später stärker nach Ländersituationen differenziert: *Antijudaismus in der Neuzeit*; eine angebliche jüdische *'Rasse'*: *Antisemitismus bis 1945*; weiterbestehende, latente wie manifeste, alte und neue Formen pauschaler Ablehnung des 'Jüdischen': Antisemitismus nach 1945."

Juden wurden mit religiösen, wirtschaftlichen, antimodernistischen, "rassen-biologischen" und manchen anderen Begründungen diskriminiert, verfolgt, ermordet. Seit dem Holocaust gibt es in Europa und andernorts sogar eine Judenfeindschaft ohne Juden. Auch in Deutschland ist die diesbezügliche Schamgrenze im Laufe der letzten Jahrzehnte immer weiter gesunken, so dass nun schon fast alles wieder erlaubt zu sein scheint, sogar das, was eigentlich verboten ist – für ein Land besonders erstaunlich, in dem und durch das der Holocaust geplant, organisiert und realisiert worden war. Eine neuere, weltweit besonders gefährliche Form ist die islamistische Judenfeindschaft.

Vorsorglich wird darauf hingewiesen, dass die Ausdrücke "Juden"-Diskriminierung, "Juden"-Feindschaft, "Juden"-Vernichtung etc. keinen "Maskulinismus" darstellen, sondern lediglich einer vereinfachenden sprachlichen Konvention folgen, um einen an sich schon äußerst komplizierten Sachverhalt nicht noch komplizierter erscheinen zu lassen. Dabei ist ganz klar, dass sich Diskriminierung, Feindschaft, Vernichtung etc. immer auch auf jüdische Frauen, jüdische Kinder und sogar auf jüdische Babys bezogen hat, wie die wohl älteste Überlieferung aus pharaonischer Zeit heute noch bewegend deutlich macht (2 Mose 1, 15 ff.).

Im folgenden werden zunächst Erscheinungsformen von Judendiskriminierung in den Graden von Abneigung, Feindschaft oder Hass so wie in allen ihren je zeitgenössischen, aufeinander folgenden oder gleichzeitigen Formen und Transformationen vom Antijudaismus über den Antisemitismus, Antimosaismus, Antihebraismus, Antizionismus bis zum Antiisraelismus diskutiert.

2. Erscheinungsformen des Antisemitismus

2.1. Antisemitismus als Antijudaismus

Die ursprüngliche Form der Judenfeindschaft schon in der ägyptischen, hellenistischen und römischen Antike und sodann seit der frühchristlichen Zeit in den Graden von Abneigung, Feindschaft oder Hass war der "Antijudaismus", insofern sich diese Feindschaft gegen Hebräer bzw. Juden als solche richtete, nämlich als Angehörige einer Schicksalsgemeinschaft, die sich durch eine unverwechselbare religiöse Tradition begründet wusste und weiß. Kern des Andersseins* und der dadurch begründeten Fremdheit war der Glaube an einen einzigen, unsichtbaren Gott als den Gott Avrahams, Jitzchaks und Jaakovs sowie die strikte Einhaltung der von ihm erlassenen Weisungen, die bereits sehr früh dem alltäglichen Zusammenleben zwischen Hebräern und Nichthebräern scharfe, wenngleich durchlässige Grenzen zogen und mithin zu sozialen und politischen Konflikten führen mussten.

---

* "'Die sind anders als wir', hört man oft über sie, und dieses Anderssein wirkt verstörend oder abstoßend. Dabei ist der Judenhass keine bloße Fremdenfeindlichkeit oder ein klassisches Ressentiment gegen alles Andersartige." Delphine Horvilleur, a.a.O., S. 13.

Als sich später die neue christliche Glaubensgewissheit schließlich immer deutlicher aus der traditionellen jüdischen Glaubensgewissheit herauszuentwickeln begann, entstand eine neue Fremdheit, deren "Andersheit" nichts weniger als den Kern der beiden Glaubensgewissheiten betraf, nämlich die Identität Jesu im Kontext des alten strengen hebräischen Monotheismus und der neuen christlichen Theologie einer Trinität. Mit der Etablierung des Christentums als Staats- bzw. Weltreligion verschärfte sich die christliche Judenfeindschaft, insofern sich die ursprünglich sozial-religiöse Diskriminierung nun zunehmend als multifunktionales Macht- und Herrschaftsinstrumentarium sehr erfolgreich nutzen ließ. Vor allem die frühe religions-politische Etablierung dieses christlichen Antijudaismus innerhalb des Weltchristentums hat diese Art von christlich fundierter Judenfeindschaft zweifellos als *Universale* zu tradieren geholfen. Der alte und ursprüngliche Antijudaismus ist jedoch stets der Kern sowohl dieser wie jedweder Form der Judenfeindschaft geblieben, und zwar oft sogar in Form von Hass.

Der Kirchenvater und Kirchenheilige Johannes Chrysostomos (354–407), der "Redner mit dem goldenen Munde" habe den erbarmungslosen Kampf gegen die Juden gepredigt, um die Legitimität des christlichen Erlösungsanspruchs durchzusetzen: "Die Juden sollten Jesus als Messias endlich anerkennen oder ausgerottet werden, wenn sie in ihrer christfeindlichen Verstocktheit zu verharren wagten", beschreibt Manès Sperber die damalige Lage: "Dieser Priester … war der bedeutendste Initiator des organisierten Hasses gegen die Juden, der sich aus einer funktionellen Feindseligkeit in einen totalen Haß verwandeln sollte. Wer solches Gefühl hegt, bringt es zustande, den Gehaßten hemmungslos zu verachten und ihn dennoch so maßlos zu überschätzen, als ob dieser über eine geheime und um so gefährlichere Macht verfügte."

Seit dem 9. Jahrhundert gab es Schutzbriefe und Privilegien für die Juden, weil zumindest einige von ihnen aus theologischen wie ökonomischen Gründen doch unentbehrlich blieben. Aber "man weiß, daß mit den Kreuzzügen die Epoche des namenlosen Martyriums begann, eine fast lückenlose Abfolge von Unterdrückung und Leiden, aber auch eines aussichtslosen und dennoch sinnvollen Widerstandes. – ... – Nie vorher waren die Juden ihren Gesetzen so völlig und bedingungslos treu geblieben, nie hatten sie der Lehre so viel Zeit und solch geradezu leidenschaftliche Aufmerksamkeit gewidmet wie in der Diaspora – angesichts einer Welt, in der die Gewißheit, kein Jude zu sein, noch dem verächtlichsten Christen Stolz einflößte und ein unerschütterliches Gefühl der Überlegenheit gegenüber der ganzen Judenheit."[41]

"Angesichts des Unfaßlichen – grauenhafte Szenen des Massenselbstmords von Juden im Rheinland, wo unter Einwilligung aller Beteiligten die Männer lieber ihre Frauen und Kinder und dann sich selber mit dem Schlachtermesser töteten, als sich taufen zu lassen – greifen die Kreuzzugschroniken wiederholt nach dem Bild von Abraham auf dem Berg Moria", schreibt Yosef Hayim Jeruschalmi: "Hören wir als Beispiel den Aufschrei Salomo ben Simsons, wenn er vom Schicksal der Juden in Mainz berichtet: 'Denn wer hätte solches je vernommen und dergleichen je gesehen! Fraget doch nach und sehet zu, ob von der Zeit des ersten Menschen an eine so vielfache Opferung (Akedá) je gewesen ist, daß 1100 Opferungen (Akedót) an einem Tage stattfanden... Wegen jener einen Op-

---

[41] Manès Sperber , Churban oder Die unfaßbare Gewißheit. Wien 1979, S. 17f., 50, 23 u. 25.

ferung auf dem Berge Moria erbebte die Welt, wie es heißt: 'Die Himmelscharen schrien weithin, und der Himmel verdunkelte sich.' Warum verfinsterte sich nicht auch jetzt der Himmel, warum haben die Sterne ihren Lichtglanz nicht verloren, ... als an einem Tage ... 1100 Personen ermordet und hingeschlachtet wurden, darunter so viele Kinder und Säuglinge...!'"[42]

2.2. Antisemitismus als Anti-Semitismus

Anti-Semitismus ist die ebenso späte wie klassische Form der Judenfeindschaft des christlich-säkularistischen Bürgertums der Industriegesellschaft. Der antijudaistische Kern des Antisemitismus erscheint hierbei durch ethno-sozial-ökonomisch-politische Merkmale überlagert, weil in einer sich "entzaubernden" und verweltlichenden Gesellschaft der verbleibende religiöse Kern das Anderssein einer aufrechtzuerhaltenden Fremdheit und Feindschaft nicht mehr begründen konnte. Im übrigen ist der Antisemitismus zwar vordergründig auch die scheinbar klassische Form der "Judenfeindschaft *mit* Juden", deren Anwesenheit jedoch für ihre Genese keineswegs erforderlich erscheint.

Auch der "Judenfeindschaft *mit* Juden" geht Judenfeindschaft *als solche* voraus; auch für den Antisemitismus sind leibhaftige Juden nicht Ursache, sondern nur Gegenstand. Paradoxerweise ist die Anwesenheit von Juden für alle Grundformen der Judenfeindschaft nur bedingt wichtig, also weder eine notwendige, noch eine zureichende Voraussetzung. Denn man kann gerade auch in diesem Zusammenhang behaupten, dass sich keine einzige Form der Judenfeindschaft überhaupt

---

[42] Yosef Hayim Jeruschalmi, Zachor: Erinnere dich! – Jüdische Geschichte und jüdisches Gedächtnis. Berlin 1988, S. 50 u. 58.

in einem direkten negativen Kontakt mit einem oder mehreren Juden entwickelt, sondern erst durch "Verabredung" von Nichtjuden als kollektive Veranstaltung im Zuge der frühen Etablierung und späteren Aktivierung des "Verhaltensprogramms der Judenfeindschaft".

Mit diesem antijüdischen Verhaltensprogramm sucht der Akteur als Judengegner, Judenfeind oder Judenhasser Juden, um seine antijüdische Aktion ins Werk zu setzen, am liebsten übrigens nicht allein, sondern eben mit anderen, weil man sich nur mit anderen, d.h. kollektiv, der Berechtigung oder sogar Notwendigkeit der Judenfeindschaft versichern kann. Wenn man es dabei mit mehreren Juden zu tun hat, entgeht man noch am ehesten dem Risiko, in einem einzelnen Juden plötzlich seinen Mitmenschen oder gar sich selbst zu erkennen. Gerade beim Antisemitismus als Judenfeindschaft *mit* Juden ist also der Plural wichtig und natürlich auch zumindest die Möglichkeit der Anwesenheit leibhaftiger Juden. Die Konvention der Judendiskriminierung und Judenfeindschaft scheint, wie jede Konvention, zumindest von Zeit zu Zeit ihrer konkreten Exekution zu bedürfen, um ihre virtuelle Gültigkeit aktuell unter Beweis zu stellen und dadurch zu bestärken.

"Bei uns zu Hause hat man immer von den Juden gesprochen", sagt in Aharon Appelfelds *Elternland* eine polnische Schankwirtin: "'Kaum ein Tag, an dem man sie nicht erwähnte, im Guten wie im Schlechten. Mal hat man sie für Engel gehalten, mal für Teufel.' – 'Für Engel?' – 'Vielleicht nicht unbedingt für Engel, aber für fleißige Menschen, die Tag und Nacht arbeiten. Den Fleiß, hat meine Mutter gesagt, können wir von den Juden lernen. Sie sind flink wie der Teufel.'"* Und

* "Der Judenhass beruht auf einer paradoxen Anklage. – Auf den ersten Blick hält der Antisemit dem Juden permanentvor, etwas zu haben, was khm selbst

dann die Stimme eines alten Bauern: "Die Juden haben uns wie eine Gräte im Hals gehangen. Sie waren wie wir, sogar ganz und gar wie wir, zugleich waren sie aber auch fremd, und sie haben uns die ganze Zeit gereizt. Vielleicht nicht mit Absicht. Du zerbrichst dir den Kopf und versuchst, es richtig zu machen, aber sie sind einfach schneller als du, flinker als du. Sie sind immer vor dir am Ziel.[*] Ihre Schnelligkeit hat uns um den Verstand gebracht."[43]

2.3. Antisemitismus als Antimosaismus

Antimosaismus steht hier für die neuere und spezifisch deutsche, nationalsozialistisch-rassistisch-völkische Form der Judenfeindschaft, bei welcher der ursprüngliche antijudaistische Kern samt den antisemitischen ethno-sozialökonomisch-politischen Überlagerungen nun noch durch "rassisch-völkische" Merkmale überhöht und damit gleichzeitig potenziert wird. Dieser Antimosaismus bezieht seinen Namen über das damals in der NS-Terminologie sogenannte "mosaische Bekenntnis" bzw. die "mosaische Herkunft", wie er auch in den diskriminierend gedachten Zwangs-Vornamen "Israel" und "Sara" zum Ausdruck kam.

Der Antimosaismus war zunächst "Judendiskriminierung *mit* Juden", die sich bald über den Grad der Feindschaft zum Hass, zum tödlichen Hass und zur Vernichtung steigern sollte, um somit zu einem "judenfreien" bzw. "juden-reinen" (man bedenke diese Adjektive!) Deutschland und Europa, ja am En-

---

fehlt. Der Jude hingegen hat Macht, Geld, Glück oder eben das Leben, das der Antisemit auch gerne hätte." Delphine Horvilleur, a.a.O., S. 93 u. 14,

[*] "Die Juden verkörpern in jeder Lebenslage etwas Überschüssiges: Etwas an ihnen ist zu viel, mehr als nötig oder 'mehr als ich selbst habe'." Delphine Horvilleur, a.a.O., S. 14.

[43] Aharon Appelfeld, Elternland. Berlin 2007, S. 123 u. 172.

de der "Endlösung" zu einer "judenreinen" Welt zu führen. – Während nun Feindschaft und Hass durch eine starke emotionale Note gekennzeichnet sind, zeichnet sich hingegen das Programm der "Sonderbehandlung", d.h. der Vernichtung, durch eine prinzipielle Emotionslosigkeit aus, und zwar offenbar sowohl bei den bürokratischen Planern wie auch bei den professionellen Vollstreckern (dazu ganz der unsägliche Roman *Die Wohlgesinnten* von Robert Littell!). Hier ist der *generalisierte Fremde* in seinem Anderssein sogar über jede Dämonisierung hinaus bis zu einem Grade "versachlicht", also "ent-menscht" und "zur Sache" geworden, dass er als der "total Andere" erscheint, dehumanisiert, semi- und subhumanisiert, zur Vernichtung prädestiniert.

Insofern ist der Antimosaismus eine Art Übergangsform der Judenfeindschaft, nämlich einer Form *mit* zu einer Form *ohne* Juden, und zwar eigentlich schon während sie teilweise noch leibhaftig vorhanden sind, da das Negativbild der Juden nun "tat-sächlich" überhaupt keinerlei Ähnlichkeit mehr mit irgendwelchen konkreten Juden aufweist. – Waren zunächst äußerste "Fremdartigkeit" und totale "Schädlichkeit" wichtige Merkmale der nationalsozialistischen Judenfeindschaft, so kam für Hitler später das Argument des "jüdischen Internationalismus" hinzu. Aber schon früh hatte er sich zahlreicher Ausdrücke aus dem Bereich der Parasitologie bedient und noch ganz am Ende "zum unbarmherzigen Widerstand gegen den Weltvergifter aller Völker, das internationale Judentum" aufgerufen.[44]

Dazu einige weitere Originalzitate: "Der Antisemitismus aus rein gefühlsmäßigen Gründen wird seinen letzten Ausdruck finden in der Form von Pogromen (sic). Der Antisemi-

[44] Vgl. Eberhard Jäckel, Hitlers Weltanschauung. Stuttgart 1981.

tismus der Vernunft jedoch muß führen zur planmäßigen gesetzlichen Bekämpfung und Beseitigung der Vorrechte des Juden, die er zum Unterschied der anderen zwischen uns lebenden Fremden besitzt (Fremdengesetzgebung). Sein letztes Ziel aber muß unverrückbar die Entfernung der Juden überhaupt sein." – So Adolf Hitler nach Eberhard Jäckel bereits am 16. September 1919. – In "Mein Kampf" hieß es etwas später: "Mit den Juden gibt es kein Paktieren, sondern nur das harte Entweder-Oder." Und mit quasi-religiösem Pathos: "So glaube ich heute im Sinne des allmächtigen Schöpfers zu handeln: Indem ich mich der Juden erwehre, kämpfe ich für das Werk des Herrn." Der Griff in das judenfeindliche Arsenal der christlich Kirchen.

Am 30. Januar 1939 hatte Hitler – wieder nach Eberhard Jäckel zitiert – dann feierlich und öffentlich vor dem Großdeutschen Reichstag in Berlin erklärt: "Ich will heute wieder ein Prophet sein: Wenn es dem internationalen Finanzjudentum inner- und außerhalb Europas gelingen sollte, die Völker noch einmal in einen Weltkrieg zu stürzen, dann wird das Ergebnis nicht die Bolschewisierung der Erde und damit der Sieg des Judentums sein, sondern die Vernichtung der jüdischen Rasse in Europa." Das Protokoll, so Eberhard Jäckel, habe an dieser Stelle vermerkt: "Anhaltender stürmischer Beifall."[45]

In seiner Schrift über Hitlers *Weltanschauung* zitiert Eberhard Jäckel aus einem Gespräch Adolf Hitlers vom 13. Februar 1945, in dem er sagte: "Ich habe gegen die Juden mit offenem Visier gekämpft. Ich habe ihnen bei Kriegsausbruch eine letzte Warnung zukommen lassen. Ich habe sie nicht im Ungewissen darüber gelassen, daß sie, sollten sie die Welt von neuem in den Krieg stürzen, diesmal nicht verschont bleiben

[45] Ebenda, S. 55, 63, 72, 75.

würden – daß das Ungeziefer in Europa endgültig ausgerottet wird." Dies sei ihm jetzt als seine zentrale Mission vor der Geschichte er schienen: "Die jüdische Eiterbeule habe ich aufgestochen... Die Zukunft wird uns ewigen Dank dafür wissen." Und "Er habe, so sagte Hitler in seinen letzten Wochen, die beste Saat gelegt, er habe zum ersten Mal die jüdische Frage realistisch angepackt, das sei das Verdienst des Nationalsozialismus, und deswegen – so Hitlers letzte Worte im Gespräch am 2. April 1945 'wird man dem Nationalsozialismus ewig dafür dankbar sein, daß ich die Juden in Deutschland und Mitteleuropa ausgerottet habe."

In seinem politischen Testament, dem letzten Schriftstück seines Lebens, heißt es im letzten Wort an das deutsche Volk: "Vor allem verpflichte ich die Führung der Nation und die Gefolgschaft zur peinlichen Einhaltung der Rassegesetze und zum unbarmherzigen Widerstand gegen den Weltvergifter aller Völker, das internationale Judentum."[46]

2.4. Antisemitismus als Antihebraismus

Antihebraismus soll hier heißen die typische Form der "Judenfeindschaft *ohne* Juden", das meint zunächst nur "ohne leibhaftige Juden", und dieser funktioniert "natürlich" genau solange, wie die Konvention der Judenfeindschaft gültig ist, insofern sich das Handlungsprogramm samt seinem Sanktionsarsenal ja eben gegen den generalisierten Fremden als Feind richtet, und zwar ganz unabhängig davon, ob er real existiert oder nicht. Sobald das Handlungs- oder gar Verhaltensprogramm der Judenfeindschaft durch ein geeignetes Signal – z.B. ein Bild, Symbol oder Wort – ausgelöst wird, scheint es

[46] Eberhard Jäckel, a.a.O., S. 77 f.

tatsächlich zwangsläufig abzulaufen, eben weil es sich dabei um hochgradig konditioniertes Verhalten handelt, so wie beim Pawlowschen Hund, der automatisch Speichel absonderte, wenn die berühmte Glocke ertönte.

Im Zusammenhang mit der Abwesenheit leibhaftiger Juden sind nun zwei Situationen zu unterscheiden, nämlich einerseits eine Situation, in der auch die Vergangenheit kaum Juden aufwies; hier hat die Judenfeindschaft *ohne* Juden kaum eine Chance. Die besten Chancen hat Judenfeindschaft *ohne* Juden in einer sozialhistorischen Situation, in der die Erinnerung an leibhaftige Juden noch ebenso lebendig ist wie an ihre gewaltsame Vertreibung und Vernichtung. In diesem Fall kann sich Abneigung, Feindschaft und Hass nun gerade auf die getöteten und toten Juden richten, vor allem weil sie als Tote nicht sterben können und zusammen mit den Überlebenden somit den *un*vollkommen gelungenen Massenmord symbolisieren, ewig zwischen Tätern und Opfern sowohl trennend wie verbindend stets das Verbrechen manifestieren und unangreifbare Überlegenheit symbolisieren.*

Das war ziemlich genau die typische Situation der Bundesrepublik Deutschland, der DDR und Österreichs in den ersten Jahren nach dem Ende des Holocaust, entfernte Parallelen finden sich auch in Frankreich, Polen, der Tschechoslowakei und etlichen postsowjetischen Gesellschaften. Was die Bundesrepublik Deutschland betrifft, so wurde die hier zu erwartende

* "Wenn sie, schwer getroffen, wieder aufstehen, rufen sie es ihrem Henker in Erinnerung und zwingen ihn, sie dafür noch mehr zu hassen, schwerer als er selbst gelitten zu haben. Sogar hier verfügen sie über ein 'Mehr', das uns etwas vorenthält: in jenem Überschuss an sichtbarem Leid, das uns die Frage aufdrängt, weshalb nicht auch wir die Ehre einer tränenreichen Vergangenheit gehabt haben. Deshalb tun wir uns so schwer, ihnen das Unrecht zu verzeihen, das wir ihnen angetan haben. Ihr Leid hat etwas Überschüssiges und damit Unerhörtes." Delphine Horvilleur, a.a.O., S. 15.

Judendiskriminierung – Abneigung, Feindschaft, Hass – auch *ohne* Juden lange Zeit durch ein starkes Tabu verdeckt, das inzwischen jedoch fast völlig seine Kraft eingebüßt hat, weshalb in vieler Hinsicht mit weiterer sogenannter "Normalisierung" zu rechnen war, die inzwischen so brutal eingetreten ist, wie es selbst Pessimisten kaum für möglich gehalten hätten.

Antihebraismus als Judenfeindschaft *ohne* Juden ist vor allem die Judenfeindschaft des schlechten Gewissens, wenn nicht gar der Gewissenlosigkeit, ist die klassische Form der Post-Holocaust-Judenfeindschaft, vielleicht auch ganz allgemein der Post-Pogrom-Judenfeindschaft. Antimosaismus als Judenfeindschaft *ohne* Juden heißt, wohlgemerkt, lediglich ohne *leibhaftige* Juden, was die soziale Wirksamkeit der "unsterblich" toten Juden nur um so wichtiger erscheinen lässt und im übrigen eine Verstärkung durch etwaige lebendige Juden wahrscheinlich macht, insofern diese als Überlebende geradezu die Gestalt von "wieder auferstandenen" Rückkehrern annehmen können. Deshalb wurde für diese Form der Judenfeindschaft hier die Bezeichnung "Antihebraismus" gewählt, worin der alte Name der "Hebräer" steckt, der sich von Abraham "ha'Ibri" herleitet, d.h. von Abraham dem "Grenzgänger".* Die toten Juden sind eine Art "Grenzgänger", sind und bleiben gewissermaßen idealtypische "Grenzgänger der Geschichte".

"Eine Bäuerin, ganz in der Nähe, schreit manchmal: 'Die Juden kommen, paßt auf, die Juden kommen!'", und ein Bauer: "Sie sind nicht tot, sie leben und vermehren sich. Solange es

* Delphine Horvilleur übersetzt wörtlich: "der Überquerende", a.a.O., S. 22.

sie gibt, ist unser Leben kein Leben",[*] so Aharon Appelfeld in *Elternland.*[47]

2.5. Antisemitismus als Antizionismus

Antizionismus ist eine neuere Form der Judenfeindschaft, die parallel mit Antisemitismus, Antimosaismus und Antihebraismus "*mit oder ohne* Juden" in Erscheinung tritt, ohne sich explizit auf Juden zu beziehen, wofür dem verbleibenden antijudaistischen Kern der Konvention vor allem ein ideologisch-politisches Merkmal angehängt bzw. zugefügt wird. Der Antizionismus hat sich mit der zionistischen Bewegung seit dem Ende des 19. Jahrhunderts entwickelt, und zwar sogar mit einer – freilich nicht judenfeindlichen – jüdischen Variante, die in kleinen ultra-orthodoxen Kreisen Amerikas zu finden ist. In der nichtjüdischen Welt und vor dem Zweiten Weltkrieg schon wurden "Zionist" und "Zionismus" zu Schimpfworten in einem Milieu, in dem Antijudaismus oder Antisemitismus nicht zum guten Ton gehörten, und zwar mit Bezug auf Juden, die zur Assimilation oder Orthodoxie nicht bereit waren und insofern die alte Negativkonvention auszulösen besonders geeignet erschienen.

Der spätere Antizionismus hat von vornherein die alte Judenfeindschaft nie ganz überdecken können, auch wenn schon in den ersten Jahrzehnten der Existenz des Staates Israel – um mit einer Metapher zu sprechen – aus dem antizionistischen Mäntelchen ein stattlicher Mantel geworden war, der durch die antizionistische UNO-Resolution des Jahres 1975 sogar ein beachtliches Markenzeichen erhielt und damit gleichsam als

[*] "Der Antisemit ist überzeugt, dass er nur die Juden loswerden muss, um die ersehnte Fülle zu verspüren." Delphine Horvilleur, a.a.O., S. 92.

[47] Aharon Appelfeld, a.a.O., S. 160.

Konfektionsware in alle Welt geliefert werden konnte.[48] Fortan war Zionismus mit Imperialismus, Kolonialismus und Kapitalismus etc. schlechthin gleichgesetzt – worin fast alle bekannten Merkmale der Judenfeindschaft wieder versammelt erscheinen – und auf internationaler staatlicher Ebene salonfähig, d.h. jetzt endlich "parlaments"– und "regierungsfähig" gemacht.

Der Antizionismus entwickelte sich nun insbesondere als die klassische Form der Judenfeindschaft der intellektuellen und politischen Linken – Personen, Gruppierungen, Parteien, Staaten –, womit sich nun vermeintlich dem Antisemitismusverdacht entgehen ließ, um gleichzeitig dem Antiisraelismus als neuer Form der Judenfeindschaft den Weg zu bereiten, nachdem aus Israel als dem Staat der Juden "der Jude unter den Staaten" geworden war.*

Nicht mehr "der" Jude werde abgelehnt, der als jüdischer Deutscher etwa in der Bundesrepublik leben wolle, sondern "der Israeli", der im eigenen Lande als nationaler Jude den Staat Israel mit aufbaue und verteidige, so Schalom Ben-Chorin: Schon in der Zeit der Aufklärung galt die Devise: "Den Juden als Menschen alles, den Juden als Nation nichts!" Der Jude in der Diaspora, der sich lange Zeit wehrlos dem Martyrium habe überlassen müssen, sei feige erschienen; der Jude, der sich im Lande und Staate Israel gegenüber einer ungeheuren arabischen Übermacht erfolgreich verteidigt habe, gelte als

[48] Erhard Roy Wiehn, "Gerechtere stattungerechter UN-Resolutionen", in: Erhard Roy Wiehn, Aus Gesichte lernen. Konstanz 2019, S. 33 ff.

* "2003 führt Israel in einer Meinungsumfrage der Europäischen Kommission einen seltsamen Wettbewerb an. Ein repräsentativer Querschnitt von Personen soll sich zu einer Liste ausgewählter Länder äußern und sagen, welche Nation 'die größte Gefahr für den Weltfrieden' darstelle. Israel rangiert dabei vor dem Iran und Nordkorea. Ein winziges Land als oberster Friedensstörer und Gefährder des friedlichen Zusammenlebens auf der Welt..." Delphine Horvilleur, a.a.O., S. 111.

aggressiver Militarist: "Wie immer sich der Jude verhält, bleibt er Zielscheibe des Judenhasses."[49]

Dass der Antizionismus nur ein weiterer Mantel des Antijudaismus war, der so gar eher "des Kaisers neuen Kleidern" glich, wurde 1975 nicht nur durch die Kritik der UNO-Antizionismus-Resolution klar, sondern mehr noch 1978 durch den überraschenden Friedensschluss Menachem Begins und Anwar el Sadats, Ägyptens und Israels, der den jahrelang gepflegten Antizionismus auf einem seiner Höhcpunkte seines Aufhängers zu berauben schien und für einen Augenblick in sich zusammenfallen ließ, um dann – nur gewendet – erneut der Welt präsentiert zu werden, nun freilich in der neuen Mode des Antiisraelismus.

2.6. Antisemitismus als Antiisraelismus

Antiisraelismus ist die bislang "emanzipierteste" Form des Antijudaismus, die schon mit dem Namen "Israel" auf "den Juden unter den Völkern" zielt und damit den antijudaistischen Kern aller Judendiskriminierung besonders deutlich zutage treten läßt. Antiisraelismus ist die längst salonfähig gewordene Form sich politisch gerierender Judenfeindschaft, die Vertreter nun sämtlicher politischer Lager miteinander zu verbinden vermag und insofern ein beachtliches integratives Medium, dessen Potential gar nicht überschätzt werden kann. Antiisraelismus ist die Judenfeindschaft der "Pragmatiker" quer durch alle Parteien und Staaten, die kraft ihrer an sogenannten "Friedensinteressen" ausgerichteten Politik in Israel immer schon das einzi-

[49] Schalom Ben-Chorin, Überwindung des christlichen Antisemitismus. Rothenburg 1988, S. 106 f.; inzwischen gibt es den Begriff "Hasskriminalität": "Hasskriminalität stärker bekämpfen – Bayern fordert für Ermittlungsbehörden mehr Rechte gegenüber sozialen Netzwerken", in: Frankfurter Allgemeine Zeitung, Nr. 61. 12. März 2020, S. 4.

ge Hindernis sahen und sehen, das einer Befriedung des Nahen Ostens im Wege steht. Nicht ganz überraschend gibt es sogar Juden bzw. Personen jüdischer Herkunft, die sich tatkräftig in Anti-Israelismus engagieren; doch auch diese Erscheinung ist nicht neu, wenn man an mancherlei Dissidenten und Renegaten in der hebräischen Bibel und in der jüdischen Geschichte denkt.

Zum Antiisraelismus gehört übrigens auch das immer wieder vorgebrachte Scheinproblem einer "berechtigten oder unberechtigten, aber prinzipiell legitimen Kritik an der Politik israelischer Politiker..." Wer sich dieses Scheinproblems bedient, hat es wohl nötig, sich damit versuchsweise zu immunisieren, um sich gleichzeitig genau dadurch zu dekuvrieren, wobei Ausnahmen nur die Regel bestätigen.

Tatsächlich wird schon im Begriff des "Anti-Israelismus" der Kern der Anti-Judaismus-Konvention besonders deutlich: Denn "Israel" ist ja nicht nur der Name des heutigen jüdischen Staates, vielmehr war "Israel" zuerst der Ehrentitel Jaakobs, der *mit dem Unbekannten* rang, "bis die Morgenröte anbrach", der ihn dann "Gott kämpft" (auch "Gotteskämpfer") nannte, "denn du hast mit Gott und mit Menschen gekämpft und hast gesiegt." (Vgl. 1 Mose 32, 25-32)*. – Im Antiisraelismus jedenfalls ist der ursprüngliche Antijudaismus bis heute zu seiner größten Kenntlichkeit gelangt, insofern in ihm letztlich die Existenz *Israels*, des Stammvaters Jaakob samt seiner Nachkommenschaft gemeint ist und damit zugleich die Existenz des Gottes Abrahams, Isaaks und Jaakobs, – vom religiösen Standpunkt betrachtet selbstverständlich ein absurdes Unter-

* "Dieser in einem Ringkampf erworbene und an Jakobs Nachfahren weitergegebene Name ist folglich kein Herkunftsname, sondern eine kämpfend errungene Identität, die den Preis einer Verletzung am Hüftgelenk fordert und damit ein ewiges Hinken in Kauf nimmt." Delphine Horvilleur, a.a.O., S. 24.

nehmen, wenn man den Namen dieses Gottes bedenkt, wie er sich für sein Volk im Dornbusch dem Mose offenbarte: "Ich bin der Gott deines Vaters, der Gott Abrahams, der Gott Jitzchaks, der Gott Jaakovs... – Wohl, ich werde da sein bei dir... – Ich werde dasein als der ich dasein werde... – Das ist mein Name in Weltzeit." (2 Mose 3,1-17)

Von dieser delikaten theologischen Tiefen-Dimension bzw. -Interpretation einmal abgesehen, zeigen sich also beim Antiisraelismus jedenfalls die altbekannten Merkmale der Judenfeindschaft unverwechselbar aufs neue, nämlich nach Schalom Ben-Chorin: "Der Haß gegen die als fremd empfundenen Eindringlinge in das eigene Land, der Haß gegen die Ungläubigen, der Haß gegen eine zivilisatorisch überlegene Gruppe und schließlich der Haß gegen die in anderen Ländern Verfemten." Denn "Die Fremdheit zwischen Juden und Arabern wurde nicht genügend abgebaut, so daß die alte Kettenreaktion einsetzte: Fremdheit er zeugt Mißtrauen, Mißtrauen erzeugt Haß, Haß erzeugt Gewalttat", – woraus sich "das tragische Bild einer Transformation der Judenfrage" ergibt.[50]

Dazu wieder ein humoriger Dialog von Aharon Appelfeld aus seinem Roman *Elternland:* Jakob besucht das Dörfchen seiner Vorfahren in Polen, ein Bauer fragt: "'Woher sind Sie, wenn ich fragen darf?' – 'Aus Israel.' – Israel. Israel ist eine der Großmächte. Egal, was du mit den Juden machst, sie stehen immer wieder von den Toten auf. Die kommen immer wieder auf die Beine. Man sagt 'Israelis', als ob das ein anderes Volk wäre. Dabei sind Israelis Juden. Hier gibt es ein paar Dummköpfe, die behaupten, die Israelis sind ein anderes Volk, und ich sage immer wieder: 'Die Israelis sind Juden.' Die Israelis haben die Atombombe erfunden. Stimmt das nicht? Und

[50] Schalom Ben-Chorin, a.a.O., S. 101 u. 104.

was haben sie als nächstes vor?' – 'Die Welt zu erobern', sagte Jakob im Scherz.[51] – 'Das ist nicht so leicht. Die Franzosen haben es versucht und nicht geschafft, die Deutschen haben es versucht und nicht geschafft, aber wer weiß. Bei den Juden weiß man nie.'"[52]

2.7. Antisemitismus als Islamismus

Eine relativ neue und besonders gefährliche Form der Judenfeindschaft, die sich anti-zionistisch und anti-israelisch tarnt, ist islamistisch und hat zwei Begründungen. Die erste und wichtigste Begründung besteht in der Unterscheidung zwischen dem "Dar al-Islam – dem Haus des Islam", und der "Dar al Harb – dem Haus des Krieges", der Unterscheidung also zwischen den rechtgläubigen Muslimen und dem ungläubigen Rest der Menschheit, allesamt Ketzer, die bekehrt oder getötet werden müssen. Unter den Ungläubigen sind die Juden besonders zu bekämpfen, weil sie als besonders gefährlich gelten, obwohl (oder gerade weil) der Islam beträchtliche Teile der hebräisch-jüdischen Tradition übernommen hat. Als zweite und damit zusammenhängende Begründung wird geltend gemacht, dass die "Zionisten" in Israel arabisches Land besetzen und die islamische Bevölkerung unterdrücken. Auf einer Website Osama bin Ladens hieß es u.a.: "Allah helfe den Mudschahedin, ihre ungläubigen Feinde in Palästina, Irak, Afghanistan, Kaschmir, auf den Philippinen, in Tschetschenien, Pakistan und allen anderen Orten zu besiegen. …" Die übelste und unverfrorenste Herausforderung der zivilisierten Welt war die mehrfache öffentliche Drohung des iranischen Staatspräsi-

[51] Vgl. Delphine Horvilleur, a.a.O., S. 53.

[52] Aharon Appelfeld, a.a.O., S. 106.

denten Mahmud Ahmadinedschad (geb. 1956),[53] Israel zu vernichten,[*] die erstaunlich wenig Proteste ausgelöst hat, jedenfalls viel weniger als irgendeine israelische Verteidigungsmaßnahme.

"Das definiert denn auch die Lage des Staates Israel", so Friedrich Dürrenmatt in seiner exzellenten Schrift "Zusammenhänge – Essay über Israel" (Zürich 1985): "Er [der Staat Israel] ist zwar, aber er scheint vielen nicht notwendig zu sein, ja mehr und mehr störend: man wäre froh, wenn er nicht wäre, auch jene wären glücklich über seine Nichtexistenz, die seine Existenz bejahen. Ein Verdacht nur, gewiß, doch ein berechtigter." Dürrenmatt hat diese Rede als eine Verteidigungsrede und zugleich als Anklage verstanden dass es 30 Jahre nach Auschwitz (1975) abermals notwendig sei, eine solche Rede zu halten.[54] Was Dürrenmatt über den jüdischen Staat sagte, das gilt alles in allem auch für das jüdische Volk und damit für jede einzelne Jüdin und jeden einzelnen Juden. Die Frage bleibt – warum?

"Ein Genozid gelingt jedoch fast nie so total, wie ihn Despoten seit undenklichen Zeiten geplant haben und planen", so Manès Sperber: "Daher lebt das jüdische Volk noch immer, seine Vitalität ist unvermindert und so fruchtbar wie je. Der Staat Israel stellt ein neues Faktum unüberbietbarer Bedeutung dar: Löst er zwar nicht die Judenfrage, setzt er zwar der Diaspora kein Ende, so ist er doch das Ergebnis eines neuen Be-

---

[53] Von 2005 bis 2013 sechster Präsident der Islamischen Republik Iran.

[*] "In (fast) jeder Epoche gebe es einen Nachfahren dieser Figur [Amalek]. Einen archetypischen Mörder, der vom Hass gegen die Juden verzehrt werde und entschlossen sei, sie zu vernichten. Diese archetypische Lesart des Antisemitismus erzählt die verhängnisvolle Bedrohung über die Zeiten hinweg als Stottern der Geschichte und Reinkarnation des Hasses." Delphine Horvilleur, a.a.O. S. 30.

[54] Friedrich Dürrenmatt, Zusammenhänge – Essay über Israel. Zürich 1985, S. 18f.

ginnens – Israel ist Heimat und Asyl (nunmehr seit mehr als 70 Jahren!). Dank diesem kleinen, bedrohten Staat wird es nirgends mehr so leicht sein, Juden zu morden." Und "Israel ist ein Staat wie die anderen auch, nicht das Gemeinwesen eines auserwählten Volkes; er darf es gar nicht sein, soll er dauern. Nein, die Nachfahren der Toten von Belzec, Majdanek und Auschwitz haben nicht mehr das Recht, Lämmer zu sein – es sei denn: Lämmer mit stählernen Gebissen."[55]

Nach den Erscheinungsformen geht es im folgenden nun um mögliche Gründe bzw. Ursachen des uralten und höchst aktuellen Phänomens der Judenfeindschaft.

3. Erklärungsversuche des Antisemitismus

"Sieht man einen Juden", soll Richard Wagner einmal gesagt haben, "stellt sich einem sofort ein unmittelbares Gefühl der Abneigung ein." Von Jean-Paul Sartre stammt die Vermutung: "Wenn es keinen Juden gäbe, der Antisemit würde ihn erfinden." Natürlich fragt sich bei Sartre und Wagner – warum?

3.1. Das Ärgernis des Andersseins

Die hier vertretene Ausgangsperspektive führt nun zu folgender Definition: Judenfeindschaft ist ein variables Handlungs- bzw. Verhaltensprogramm mit einem negativen Sanktionsarsenal, bezogen auf den potentiellen Umgang mit imaginären Juden als generalisierten Fremden, deren Anderssein ebenso bedrohlich wie minderwertig und daher abstoßend und unerträglich erscheint, insofern diesen für wesentlich gehaltene Merkmale des jeweils eigenen "wert-haften" Menschenbildes zu fehlen scheinen, weil sie diese "natür-lich" (von Natur aus)

---

[55] Manès Sperber, a.a.O., S. 41 u. 96.

nicht besitzen können, da sie diese konventionellerweise nicht besitzen dürfen.

"Variables Handlungs- bzw. Verhaltensprogramm" heißt hier ein Programm verschiedener Handlungsmöglichkeiten; das negative Sanktionsarsenal dieses variablen Handlungsprogramms reicht in kontinuierlichen Graden von Abneigung über Feindschaft bis zum Hass und zum tödlichen Hass. Das Anderssein kann religiös, sozial, wirtschaftlich, ethnisch bzw. "rassisch", politisch, aber auch bi- oder multifaktoriell definiert sein. Das Bedrohliche des Andersseins muss in der Regel zugleich als minderwertig gewertet werden, um als unerträglich, verachtenswert, daher als mehr oder weniger unerträglich und schließlich eliminierbar zu erscheinen. Der Grad der Bedrohlichkeit, Minderwertigkeit und Unerträglichkeit ist mit dem negativen Sanktionsarsenal gekoppelt und letztlich von funktionalen Opportunitätserwägungen der Macht- oder Herrschaftsinstanzen abhängig.

Der Begriff des "imaginären generalisierten Fremden" als Kern der sozialen Konvention bzw. Negativkonvention der Judendiskriminierung im Sinne einer "Universalie" enthält nun von vornherein die wichtige Eigenschaft, am besten mit "dem" oder noch besser mit "den abstrakten Fremden" zu operieren und prinzipiell auf den konkreten, leibhaftigen Fremden verzichten zu können, weil sich dieser dann zumeist eben gerade nicht als Fremder, sondern als relativ Bekannter, Vertrauter, wenn nicht gar als zumindest im weitesten Sinne Verwandter erweist und als solcher des bedrohlichen, minderwertigen, unausstehlichen und unerträglichen Andersseins entbehrt.

Vor allem dürfte eben auch nur der abstrakte, imaginäre, generalisierte Fremde die für das variable Verhaltens- und

Handlungsprogramm wichtige Eigenschaft besitzen, *dämonisierbar* zu sein. Dämonisierung und Verteufelung sind zuerst abstrakte, imaginäre Handlungsentwürfe mit Bezug auf das Anderssein der Juden als generalisierte Fremde. Die Umsetzung solcher Handlungsentwürfe in Form der Behandlung konkreter Menschen kann dann allerdings sogar zur sogenannten "Sonderbehandlung" führen, die als solche eine durchaus alte Tradition aufweist.

Bleibt zunächst noch die Frage, wie das "Universale" des "imaginären generalisierten Fremden" entsteht, zu deren Beantwortung man wohl am besten auf vorhandene Theoriestücke über Minderheiten und Randgruppen zurückgreift: Randgruppen sind Minderheiten von Menschen, die gemäß herrschender Werte und Normen als solchen der Herrschenden (bzw. Geherrschthabenden) nach einem oder mehreren Merkmalen (ethnisch, "rassisch", religiös, sozial, ökonomisch, politisch, "völkisch" etc.) durch verungleichende Diskriminierung, Unterprivilegierung oder Verfolgung gegenüber der Kerngesellschaft der Herrschen den sowie der durch sie Bevorzugten und Begünstigten bzw. normal Behandelten, oft durch negative Stereotype verstärkt, mehr oder weniger dauerhaft bzw. traditionell benachteiligt sind.

Randgruppen entstehen durch innergesellschaftliche Entwicklungen (z.B. defizitäre Sozialisation) oder gezielte Agitation und Propaganda (Pogrome!) oder durch Migration (regionale Mobilität bzw. Zuwanderung) oder durch politische bzw. militärische Dominanz bzw. Unterwerfung, d.h. Randgruppen werden in jedem Fall durch Machtgruppen oder Herrschaftsinstanzen geschaffen und somit auch ihr tradierbares "Image", ihr überlieferbares "Fremdbild" bzw. Klischee, womit soziologisch gesehen zugleich das sozial wirksame negative Sanktionsarsenal für die diskriminierende Seite verknüpft sein kann.

Gerade Judenfeindschaft hat sich als ebenso alte wie starke soziale Negativkonvention erwiesen, die geradezu für "natürlich" gehalten werden kann, eben weil sie allzu oft die Regel und nicht die Ausnahme war. Die Stärke dieser Antijudenkonvention weist noch heute drauf hin, dass sie ursprünglich durch starke Herrschaftsinstanzen etabliert und zugleich auf eine große Verinnerlichungsbereitschaft gestoßen sein muss. Im übrigen wurde ja darauf hingewiesen, dass gerade die ursprüngliche Form der Judendiskriminierung als Antijudaismus unerhört dauerhaft geblieben ist, um sogar im Antiisraelismus als neuester Form der Judendiskriminierung noch ganz deutlich zum Ausdruck zu kommen.

3.2. Das Ärgernis des Weltsündenbocks

Nach dem soziologischen Erklärungsmodell der Judenfeindschaft stellt sich nun die Frage, ob es weitere und spezifischere Begründungen gibt, da das gerade vorgeführte Modell auch für andere Randgruppen herangezogen werden kann. Denn es bleibt ja die merkwürdige Tatsache, dass Judenfeinde in Deutschland und anderen Ländern Europas und der Welt mit fundamentalistischen Islamisten etwas gemeinsam haben, eben Judenfeindschaft und Judenhass. Zunächst kann man dahinter die Sündenbock- oder sogar "Weltsündenbock"-Funktion sehen, für welche "die Juden" traditionell und noch immer mit Vorliebe gebraucht werden: "Die Juden sind an allem schuld", und "Die Juden sind unser Unglück" ist die perfekte Antwort auf alle kleinen und großen Probleme der Welt. Der "Sündenbock" dient der Reduktion von Komplexität, bietet die simpelste Erklärung für alle komplizierten Probleme des Lebens und vermittelt sogar die Hoffnung auf eine radikal bessere Welt: Wenn der Sündenbock erst einmal geschlachtet oder wenigstens verjagt ist, dann wird schlagartig alles besser, denn dann ist die Menschheit von allen Übeln erlöst!

Die ärgerliche Tatsache der uralten, immer wieder neuen, ubiquitären Besonderheit der Judenfeindschaft und des Judenhasses, seit seiner Existenz auch auf den Staat Israel bezogen, verweist natürlich zugleich auf die absolute Besonderheit des Judentums im allgemeinen und des Judeseins im besonderen. "Millionen von Demonstranten auf Tausende von Kilometern entfernten Marktplätzen schlagen geradezu Haßpurzelbäume, und dieser Haß wird geradezu zum Lebenszweck dieser Leute", so Vilém Flusser: "Wenn Raketen auf Israel fallen, so atmen Millionen von Leuten erleichtert auf, als ob damit eine unerträgliche Last von ihnen abgewälzt worden wäre.[*] Angeblich wohlmeinende (aber tatsächlich krypto-antisemitische) Freunde raten den Israelis, doch endlich in Verhandlungen zwecks Räumung der besetzten Gebiete zu treten. Tatsächlich hat der schäumende Haß nichts mit der Besetzung jener Gebiete zu tun, denn er war schon vor der Besetzung da, hat zu zahlreichen Kriegen geführt, und die Gebiete sind überhaupt erst in Verteidigung gegen diesen Haß besetzt worden. Kurz, die Enormität des Judeseins (und daher des Judenstaates) ist ebensogut aus den wohlmeinenden Vorschlägen wie aus dem schäumenden Haß ersichtlich. Der Judenhaß ist zwar vollkommen unverständlich und vernünftigerweise unzugänglich, aber er gibt dem Judesein eine außerordentliche Bedeutung."[56]

[*] "'Wenn der Staat Israel nicht wäre', scheinen die Befragten zu murmeln, gäbe es in der Welt zumindest annäherungsweise ein *Ganzes*, Vollständiges. Genau diese beeinträchtigte Integrität wird auch von einem Teil der arabischen Welt beschworen: Ohne Israel wäre das Umma (Gemeinschaft aller Muslime) intakt und wundersam versöhnt." Delphine Horvilleur, a.a.O., S. 112 u. 118.

[56] Vilém Flusser, Jude sein – Essay. Mannheim 1995, S. 126 f.

"Und es gibt Judenhasser", lässt Aharon Appelfeld Magda, seine dörfliche Gastgeberin und Geliebte, sagen, "die ihren Haß an die nächste Generation weitergeben, und in jeder Generation sieht er ein bißchen anders aus. Sie glauben fest, daß alles Böse auf der Welt von den Juden kommt. Ohne Juden wäre die Welt sauberer[57] und ehrlicher. Ihr Haß ist wie jeder Haß, bitter und fanatisch." Ein Bauer meint: "Ich habe immer gesagt: Die Juden sind zu allem fähig. Wenn du sie nur läßt, dann machen sie aus einer Handvoll Dreck ein Riesenkapital. Ein begabtes Volk. Viel zu begabt."[58]

3.3. Das Ärgernis der Auserwähltheit

Vílem Flusser fand, der transnationale Judenhass proklamiere die Auserwähltheit immer wieder von neuem, obwohl sie gleichzeitig bestritten werde, und er bringt zumindest den Kern der christlichen Judenfeindschaft in die Formel: "daß es dem gläubigen Christen unmöglich ist, das Judewerden Gottes hinzunehmen."[59] Das Wort Johannes Paul II. in der Synagoge von Rom anno 1966 von den Juden als "bevorzugten" und "älteren Brüdern" konnten da schon aufhorchen lassen,[60] doch mögliche Hoffnungen waren wohl verfrüht, wenn man an das Gebet "für die Juden" ("pro Judaeis") denkt, das in dem von Papst Benedict XVI. im Jahre 2007 wieder zugelassenen alten lateinischen Messritus enthalten ist, worin es heißt: "Lasset uns auch beten für die Juden, daß unser Gott und Herr ihre

---

[57] "'Dreckiger Jude' heißt es dann, um ihm Verschmutzung und Verwundbarkeit anzulasten: Er ist derjenige, der die Krankheitserreger einschleppt." Delphine Horvilleur, a.a.O., S. 59.

[58] Aharon Appelfeld, a.a.O., S. 160 u. 114.

[59] Vilém Flusser, a.a.O., S. 109 f.

[60] Dazu: Erhard Roy Wiehn, Judentum und Christentum. Konstanz 2010.

Herzen erleuchte, damit sie Jesus Christus als Retter aller Menschen erkennen."[61]

Die "Juden als Gottesvolk" oder gar "als Licht der Völker" ist für viele eine unerträgliche Zumutung, obwohl die Juden diese Art von Auserwähltheit[*] immer verstanden haben und verstehen als eine ihnen von ihrem Gott auferlegte größere Last von Ansprüchen – von Pflichten ihres Bundes mit ihrem Gott, nicht von Rechten gegenüber anderen. Aber auch ohne unbedingt judenfeindliche Attitüden sehen viele allein schon in der Existenz von Juden eine Bedrohung ihrer Glaubensgewissheiten. Es handelt sich dabei zugleich auch um den Anspruch nicht weniger Christen, dass sie die Juden wegen ihrer eigenen Uneinsichtigkeit längst beerbet haben. Und es handelt sich wohl auch um die gefühlte Gefahr von Muslimen, dass Juden ihre Synthese von Judentum und Christentum in Verbindung mit anderen lokalen Glaubens-Traditionen scheinbar in Frage stellen.[62]

"Denn", so Friedrich Dürrenmatt, "die Entdeckung Gottes ist die wohl folgenschwerste Entdeckung, unabhängig davon, ob es Gott gibt oder nicht... Indem die Juden einen Gott konzipierten, der von einem Stammesgott, von einem Gott unter Göttern zum *Gott* wurde, zum Schöpfergott, traten sie in die komplizierteste Dialektik ein, die der menschliche Geist kennt, in die wohl fruchtbarste geistige Dramatik." Und weiter:

---

[61] Erhard Roy Wiehn, "Rom und Jerusalem", in: Erhard Roy Wiehn, Aus Geschichte lernen. Konstanz 2019, S. 67 ff.

[*] Delphine Horvilleur thematisiert dieses Thema in ihrem 4. Kapitel "Antisemitismus als Wahlkampf": "Damit befinden wir uns im Herzen eines der Hauptmotive des Antisemitismus, dem umstrittenen jüdischen Auserwähltsein. Durch Missverständnisse oder Böswilligkeiten aufgebauscht, gilt es dem Antisemiten gerne als demokratische Rechtfertigung seines Zorns." A.a.O., S. 95.

[62] Dazu: Erhard Roy Wiehn, Judentum und Christentum – Gemeinsames und Trennendes im kurzen Überblick. Konstanz 2010.

"Doch indem es nur einen Gott gibt, müssen diesem Gott auch alle anderen Völker unterstehen, und nicht nur die Völker, auch alle Menschen; der Bund Gottes mit seinem Volk gerät in Gefahr, ein Übernationales tritt an die Stelle einer nationalen Religion. So war es denn auch anfänglich eine jüdische Sekte, die sich zu einer Weltreligion ausbreitete, weniger durch Jesus als durch Paulus." Dagegen ist als Grundkonzeption des jüdischen Volkes festzuhalten, dass "es irgendeinmal während seines Entstehens nämlich nicht nur Gott fand, sondern sich auch als das Volk dieses Gottes begriff."[63] Und diese Tatsache brachte das jüdische Volk nun immer wieder in Schwierigkeiten mit weltlichen Reichen und Staaten, aber vor allem auch mit der Kirche und mit dem Islam.

3.4. Das Ärgernis der jüdischen Ethik

Das Judentum ist offenbarte Weisung, und der Rote Faden der biblischen Schriften ist nicht Liebe, sondern die Idee der Gerechtigkeit, und zwar aus einem klugen Grund: Liebe kann man nicht verordnen und nicht erzwingen und auch nicht messen, wohl aber Gerechtigkeit. "Die Thora regelt die Verhaltensweise der Juden Gott gegenüber und untereinander", so noch einmal Friedrich Dürrenmatt: "Der Mensch muß nicht wissen, was jenseits ist, ob es ein Fortleben nach dem Tode gibt oder nicht. Der Tod ist als Tod akzeptiert. Die Wahrheit ist nicht Sache des Menschen. Dieser braucht nicht zu wissen, was er glauben soll. Es muß wissen, wie er zu handeln hat, um nicht dem Zorn Gottes zu verfallen, um mit Gott leben zu können…" Doch "Schon die antike Welt begriff es nicht, machte sich über diesen einsam regierenden Gott lustig; ein kleines, unbedeutendes Volk in irgendeinem Weltwinkel, das behaup-

---

[63] Friedrich Dürrenmatt, a.a.O., S. 24 ff.

tete, sein Gott sei *der* Gott und es gebe keinen anderen außer ihm, mußte den Verstand verloren haben. Nicht umsonst nannten die Griechen die Juden Atheisten, weil diese nur an *einen* Gott glaubten und nicht an eine Unzahl von Göttern."[64]

Hier liegt sehr wahrscheinlich der Kern der Judenfeindschaft und des Judenhasses: Der Glaube an den einen Gott ist nicht akzeptabel, denn weil er exklusiv zu sein scheint, wird das ganze Volk verworfen, das an diesen einen Gott glaubt und weil sich dieser eine Gott gerade dieses Volk erwählt hat und weiter erwählt. Für die vorchristliche Antike war der Monotheismus und das damit verbundene hebräische Wertesystem nicht akzeptabel. Im Imperium Romanum kollidierte der jüdische Monotheismus mit dem römischen Gottkaisertum. Für überzeugte Christen hatte das Judentum seine Daseinsberechtigung verloren, weil der *Messias* ja schon gekommen ist, abgesehen davon, dass die Juden die lebendige Verneinung ihres Glaubens darstellen. Theologisch blieben Juden dennoch wichtig, nämlich gerade als "unerleuchtete" Zeugen des wahren Glaubens. Für Muslime ist das Judentum (und das Christentum) nicht akzeptabel, weil es als Mutterreligion der eigenen Religion permanent die Originalität streitig zu machen scheint und jeder Jude als das echte Original zugleich als Provokation erscheinen kann. Für Marxisten stellte das Judentum wohl das übelste Opium dar, auch in der Tochtergestalt des Christentums. Für Atheisten stellen Juden eine Herausforderung ihres gesunden Menschenverstandes dar, eine inakzeptable und verwerfliche Form des Absurden.

"Es muß heraus aus unserem Blut", so Adolf Hitler, "dieser Fluch vom Berge Sinai! Dieses Gift, mit dem sowohl Juden

---

[64] Friedrich Dürrenmatt, a.a.O., S. 32 f.; dazu: Erhard Roy Wiehn, "Statt Einzigkeit göttliche Zweifaltigkeit?", in: Erhard Roy Wiehn, AusLese II – Jahrestagebucharchiv 2018/19. Konstanz 2019, S. 664 f.

wie Christen die freien, wunderbaren Instinkte des Menschen beschmutzt und sie auf das Niveau hündischer Furcht herabgedrückt haben … Dagegen kämpfen wir: … gegen den Fluch der sogenannten Moral …, der man göttliche Weihen verliehen hat, um den Schutz des Schwachen gegen den Starken sicherzustellen … gegen die sogenannten Zehn Gebote eröffnen wir die Feindseligkeiten, die Tafeln vom Sinai haben ihre Gültigkeit verloren. Das Gewissen ist eine jüdische Erfindung. Es ist, wie die Beschneidung, eine Verstümmelung des Menschen."[65] Mit anderen Worten: Wenn jüdische Ethik letztlich in den "Zehn Geboten" (hebräisch: Zehn *Weisungen*) besteht und diese für alle Menschen gelten sollten, so wurde diese Provokation den Juden nie verziehen.

3.5. Das Ärgernis der Sendung Israels

"Das bloße Dasein Israels beweist, daß seine Sendung nicht erfüllt ist", fand Margarete Susman: "Es beweist aber zugleich auch, daß seine Sendung noch lebt. Denn Israel ist seinem Wesen nach nichts anderes als Sendung.[66] – Die Verheißung der Propheten liegt also – auch wenn Jahrtausende uns von ihr trennen – nicht *hinter* uns: sie liegt noch *vor* uns. Wir bedürfen keiner neuen Propheten; die alten sind Antwort noch auf unsere Fragen…" Und was beinhaltet die prophetische Verheißung? Sie heißt Schalom: "Friede bedeutet Vollkommenheit, ist der Heilsbegriff der jüdischen Religion: ist als die messianische Idee der Vollendung zur Einen Menschheit, als Inhalt der paradoxen Hoffnung, selbst ein reines Paradox zu

---

[65] Zit. nach Hannes Stein, Moses und die Offenbarung der Demokratie. Berlin 1998, S. 177.

[66] Erhard Roy Wiehn, "Die bleibende Erwählung Israels", in: Erhard Roy Wiehn, Aus Geschichte lernen. Konstanz 2019, S. 30 ff.

aller irdischen Existenz." – "die Eine geeinte Menschheit, in der allein die gottesebenbildliche Gestalt des Menschen sich vollendet."

"Die messianische Hoffnung ist grundlose Hoffnung; sie ist überhaupt aus nichts Irdischem abzuleiten, sie geht von keiner irdischen Wirklichkeit aus, sie ist kein Mythos, hat keine Gestalt; sie ist als was sie mit dem steigenden Elend des Exils, der Diaspora, des Ghettos, immer deutlicher sich enthüllt – eine aller Wirklichkeit entgegenstehende, eine vollkommen paradoxe." Doch "In der aufrufenden Weisung an die Zukunft liegt das ganze gewaltige Ethos des Judentums; in ihr wird der Mensch aufgerufen zu sich selbst – nicht zu dem, was er geworden ist, sondern zu dem, was er sein kann, was er sein soll." – "Denn diese eine im Frieden geeinte Menschheit ist kein wirklichkeitsfremder Traum: sie ist das schlichte wirkliche Ziel jedes unserer Wege. Das Reich, in dem die Schwerter zu Sicheln, die Speere zu Winzermessern umgeschmiedet werden..." bleibt die phantastische jüdische Vision der Hoffnung. "Und damit zeigt sich: das, wozu der Jude aufgerufen ist, ist nichts – absolut nichts als Mensch zu werden. ... Denn Mensch werden ist nichts anderes als sich Gott entgegenbilden."[67]

3.6. Das Ärgernis des Monotheismus

Die erste Erwähnung Israels in Ägypten auf der sogenannten "Merenptah-Stele – Siegesstele – Israel-Stele von 1208 v.u.Z. – wahrscheinlich die älteste erhaltene schriftliche Erwähnung Israels überhaupt!) – ist die Erfolgsmeldung seiner Vernich-

[67] Margarete Susman, Vom Geheimnis der Freiheit. Darmstadt 1965, S. 77, 59 ff. u. 116.

tung: *"Israel ist verwüstet, seine Saat ist nicht mehr."*[68] Die früheste belegte Judenfeindschaft gab es in Ägypten. – Israel war gewissermaßen die Gegenwelt zu Ägypten: Gegen Polytheismus und Tierverehrung stand strengster Monotheismus:[69] "Der Antisemitismus ist in seinen frühesten, ägyptischen Ursprüngen Antimonotheismus", so Jan Assmanns These, die viel für sich hat: "Der Monotheismus seinerseits ist in seinem Ursprung Antikosmostheismus. Er wendet sich gegen die Vergöttlichung der Welt, die eine Vergöttlichung der Herrschaft implizierte."[70] Der uralte Antimonotheismus dürfte bis heute der entscheidende Kern der Judenfeindschaft geblieben sein. Der jüdische G'tt, sein Bund und seine Weisungen bleiben für die Anderen weithin inakzeptabel, denn: "Er ist unsichtbar, aber hörbar. Er ist ewig, doch wirkt er innerhalb der Geschichte."[71] "Wenn es die Bestimmung der Menschen ist, in der Geistigkeit fortzuschreiten", so Jan Assmann, "dann sind es die Juden, die auf diesem Wege die Avantgarde bilden."[72] Vielleicht ist es die Rolle dieser Avantgarde und all das, was sie impliziert, die Abneigung, Feindschaft und Hass hervorruft.

Im Unterschied zu den alten Ägyptern, im Unterschied zu den alten und heutigen Griechen, im Unterschied zu den alten und heutigen Römern sind die Hebräer als Juden und/oder Israels aber immer noch da, und zwar mit einer authentischen Identität und sogar noch mit einem gewissen Ur-Aroma – und mit ihnen die Judenfeindschaft. – In Aharon Appelfelds *El-*

---

[68] Jan Assmann, Das kulturelle Gedächtnis. München 1997, S. 201, Fußnote 16; https://de.wikipedia.org/wiki/Merenptah-Stele

[69] Dazu: Erhard Roy Wiehn; "Pessach-Seder-Lecture 5774/2014", in: Erhard Roy Wiehn, NachLese. 2013-2014. Konstanz 2015, S. 517 ff.

[70] Jan Assmann, a.a.O., 2003, S. 83.

[71] Vilém Flusser, a.a.O., S. 88.

[72] Jan Assmann, Die Mosaische Unterscheidung. München 2003, S. 143.

ternland meint ein Bauer: "Ich dachte, wir hätten die Sache mit den Juden hinter uns. Da habe ich mich wohl getäuscht. Das währt ewig. Immer hat es Juden gegeben, und immer wird es welche geben.* (…) Ein Jud bleibt ein Jud. Egal, was er macht, er bleibt immer ein Jud."[73]

4. Zusammenfassende Aussichten

Was kann man zusammenfassend sagen? – Die Geschichte des Antisemitismus ist ebenso erschreckend wie faszinierend. Die Erscheinungsformen der Judenfeindschaft kann man beschreiben und man kann sie zu erklären versuchen. Und soweit man das kann, lassen sich durchaus auch gezielte Gegenmaßnahmen entwickeln, die in Erziehung, schulischer Ausbildung und im Internet angewandt werden könnten. Damit wurde zumindest in Deutschland[74] ja eigentlich erst vor kurzer Zeit begonnen, die Ergebnisse sind jedoch absolut ernüchternd. Natürlich weiß man nicht, wie es in Deutschland und Europa oder sonstwo in der Welt aussehen würde *ohne* Kampf gegen Antisemitismus. Doch manchmal scheint es, dass alle Aufklärungsarbeit vergeblich ist.

Bei allen plausiblen Erklärungsversuchen der Judenfeindschaft bleibt jedoch stets ein unerklärlicher Rest, der eben

* "Da wäre zunächst ihre Langlebigkeit. Die Juden sind nicht kleinzukriegen: es ist zum Verzweifeln. Sie wehren sich hartnäckig gegen ihren Untergang – und diese Ausdauer ist eine unerträgliche Frechheit. Könnten sie nicht einfach sterben wie alle anderen? Untergehen, so wie bisher noch jede zivilisierte Kultur? Irgendwann wird ihre Beharrlichkeit nervtötend. Ja, sogar ihr Leid ist unverwüstlich." – "Und genau das werfen die Antisemiten den Juden und dem Judentum im Laufe der Geschichte vor: ihre Unverwüstlichkeit." Delphine Horvilleur, a.a.O., S. 15 u. 91.

[73] Aharon Appelfeld, a.a.O., S. 124 u. 175.

[74] Susan Neimans Titel: Von den Deutschen lernen – Wie Gesellschaften mit dem Bösen in ihrer Geschichte umgehen können (Berlin 2020) ist zwar einerseits erfreulich, andererseits aber vielleicht doch zu opportunistisch – too much.

auch nicht in Gegenmaßnahmen umgesetzt werden kann: Diese Erklärungslücke zieht eine Anwendungslücke nach sich. Diese Erklärungslücke kann man "Hiob"-Phänomen nennen. Vielleicht müssen insbesondere die Juden akzeptieren, dass Judenfeindschaft ebenso wie die Schoáh insgesamt zu den nie zu lösenden Geheimnissen ihres G'ttes gehört, die ertragen werden müssen als Preis des Bundes mit Ihm. Das jüdische Volk war von Anfang an immer wieder von Vernichtung bedroht, und "Amalek" steht für die Feinde der Kinder Israels: "Denke daran, was dir die Amalekiter taten auf dem Weg, als ihr aus Ägypten zogt: wie sie dich unterwegs angriffen und deine Nachzügler erschlugen, all die Schwachen..." (5 Mose, 25, 17-19)[*] Nicht umsonst wird in Pessach-Liturgie des Sederabends nachhaltig gewarnt: "Denn nicht einer allein stand gegen uns auf, um uns zu vernichten, sondern in jeder Generation steht man gegen uns auf, um uns zu vernichten."[75] Doch Bedrohung und Rettung hingen und hängen eng zusammen.

Tatsächlich dürfte es nur sehr wenige Nichtjuden geben, die nicht wenigstens eine oder andere Form von Abneigung oder Kritik an Juden und am Judentum für berechtigt halten, von scheinbar begründeter Feindschaft ganz abgesehen. Mit Vilém Flusser kann Antisemitismus als eine Art universaler Glaube – oder besser Aberglaube betrachtet werden: "Die Universalität der Antisemitismus ist (...) der Beweis 'a contrario' für die Universalität der jüdischen Botschaft, und die historisch sich wandelnden Formen des Antisemitismus (Juden sind Atheisten, sind Zerstörer des Römischen Reiches, sind Gottesmörder, sind Schacherer, sind Rassenschänder, sind Kapitalisten,

---

[*] Dazu: Delphine Horvilleur, a.a.O., S. 28 ff.; https://de.wikipedia.org/ wiki/ Amalekiter

[75] Pessach-Hagada – Israel Meir Levinger (Hg.), Die Basler Hagada. 4. Auflage, Basel 1994, S. 22.

sind Revolutionäre,* sind Kosmopoliten, sind Asphaltmenschen, sind Zionisten) zeigen den unerschöpflichen Reichtum der jüdischen Botschaft. Jede Form des Antisemitismus erfaßt einen der Parameter des Judentums (wenn auch als Negation und Karikatur), und in seiner Gesamtheit bietet der Antisemitismus einen negativen Überblick (vielleicht den einzig möglichen) darüber, was das Judentum bedeutet." Und deshalb: "Schon die Existenz des Juden ist für die anderen skandalös." Denn "Das Judentum ist ein rituell festlicher 'way of life'",[76] der die meisten Nichtjuden abstößt.

Die Hebräer bzw. Juden waren und sind einerseits Menschen wie alle anderen, andererseits aber im Selbstbild zugleich immer etwas anders als andere und im Fremdbild und Klischee, aus der Sicht der anderen also, ebenso faszinierend wie abstoßend, geschätzt und verachtet, verklärt und dämonisiert, konservativ und revolutionär, Übermenschen oder Untermenschen, Gutmenschen oder Parasiten, und sie wurden und werden entsprechend behandelt – immer wieder persönlich wie als Volk bedroht und dem jüdische Staat mit der Vernichtung gedroht. Historia magistra vitae: Zweifellos können Menschen und Völker und Staaten aus der Geschichte lernen, und das gilt gewiss auch für Nichtjuden gegenüber Juden. Die Juden werden gewiss weiter darauf hoffen, sie müssen jedoch auf alles gefasst bleiben. Judenfeindschaft als ärgerliche Tatsache seit Menschengedenken wird trotz aller Antisemitismusbeauftrager nicht von diesem Planeten verschwinden, denn man muss es leider als eine gutgesicherte Erkenntnis betrachten: *Solange es Juden gibt, gibt es Judenfeindschaft – so-*

---

* "Die Juden wurden als zu revolutionär oder aber als zu bürgerlich kritisiert; als Bedrohung des Systems oder genau umgekehrt als dessen Verkörperung." Delphine Horvilleur, a.a.O., S. 16.

[76] Vilém Flusser, a.a.O., S. 53, 72, 90.

gar ohne Juden:[77] "Von der Judenfeindschaft, genauso wie vom Alkohol, kommt der Mensch nur schwer los."[78]

"Wer euch (die Juden) anrührt, rührt seinen Augapfel an", heißt es beim Propheten Sacharja (2, 12). Aber "Das ist sehr merkwürdig, daß alle Feinde der Kinder Israels ein so schlechtes Ende nehmen", fand Heinrich Heine (1797–1856), der herrliche Spötter, im Jahre 1840: "Wie es dem Nebukadnezar gegangen ist, wissen Sie, er ist in seinen alten Tagen ein Ochs geworden und hat Gras essen müssen. Sehen Sie den persischen Staatsminister Haman,[79] ward er nicht am Ende gehenkt zu Susa, in der Hauptstadt? Und Antiochus, der König von Syrien, ist er nicht bei lebendigem Leibe verfault, durch die Läusesucht? Die späteren Bösewichter, die Judenfeinde, sollten sich in Acht nehmen... Aber was hilft's, es schreckt sie nicht ab, das furchtbare Beispiel, und dieser Tage habe ich wieder eine Broschüre gegen die Juden gelesen, von einem Professor der Philosophie... Er wird einst Gras essen, ein Ochs ist er schon von Natur..."[80]

Literatur

H. Bahr, Der Antisemitismus. (1894) (Hrsg. v. H. Greive). Königstein 1979.

H.P. Bahrdt, "Soziologische Reflexionen über die gesellschaftlichen Voraussetzungen des Antisemitismus in Deutschland." In: W.E. Mosse (Hg.), Entscheidungsjahr 1932 – Zur Juden- frage in der Endphase der Weimarer Republik. Tübingen 21966, S. 135–155.

A. Bein, Die Judenfrage. Biographie eines Weltproblems. Stuttgart 1980.

S. Ben-Chorin, Überwindung des christlichen Antisemitismus. Rothenburg 1966.

S. Ben-Chorin Zwischen neuen und verlorenen Orten. Beiträge zum Verhältnis von Deutschen und Juden. München 1988.

---

[77] "Da, wo ein Jude ist, ist auch der Antisemit nicht weit." Delphine Horvilleur, a.a.O., S. 28.

[78] Aharon Appelfeld, a.a.O. S. 126.

[79] In der Rolle (im Buch) Ester, die an Purim gelesen wird.

[80] Heinrich Heine, Sämtliche Werke. Band XI. München 1964, S. 20 f.

H. Berding, Moderner Antisemitismus in Deutschland. Frankfurt 1988.

T. Bermann, Produktivierungsmythen und Antisemitismus. Eine soziologische Studie. Wien 1973.

F. Bernstein, Der Antisemitismus als Gruppenerscheinung. Versuch einer Soziologie des Judenhasses. Berlin 1926.

Bildungsteam Berlin-Brandenburg e.V. (Hg.), Woher kommt der Judenhaß? Was kann man dagegen tun? Ein Bildungsprogramm. . Materialen, Methoden und Konzepte. Mülheim 2007.

H.M. Broder, Der ewige Antisemit. Über Sinn und Funktion eines beständigen Gefühls. Frankfurt 1986.

D. Claussen, Vom Judenhaß zum Antisemitismus. Materialien einer verleugneten Geschichte. Darmstadt u. Neuwied 1987.

D. Claussen, Grenzen der Aufklärung. Zur gesellschaftlichen Geschichte des modernen Antisemitismus. Frankfurt 1987.

F. Dürrenmatt, Zusammenhänge – Essay über Israel. Zürich 1985.

V. Flusser, Jude sein – Essays. Mannheim 1995.

A. Geiger, Was hat Mohammed aus dem Judenthume aufgenommen? (1902) Berlin 2005.

H. Greive, Theologie und Ideologie. Katholizismus und Judentum in Deutschland und Österreich 1918–1935. Heidelberg 1969.

H. Greive, Geschichte des modernen Antisemitismus in Deutschland. Darmstadt 1983.

G. Hartfiel, Wörterbuch der Soziologie. Stuttgart 1976.

H. Heine, Sämtliche Werke, Band XI. München 1964.

Th. Herzl, 'Wenn ihr wollt, ist es kein Märchen.' – Altneuland – Der Judenstaat. (Hrsg. v. J. Schoeps) Kronberg 1978.

H.O. Horch (Hg.), Judentum, Antisemitismus und europäische Kultur. Tübingen 1988.

M. Horkheimer, Über das Vorurteil. Köln u. Opladen 1963.

E. Jäckel, Hitlers Weltanschauung. Stuttgart 1981.

Y.H. Jeruschalmi, Zachor: Erinnere Dich! – Jüdische Geschichte und jüdisches Gedächtnis. Berlin 1988.

D.H. Klein et al. (Hg.), Judentum und Antisemitismus von der Antike bis zur Gegenwart. Düsseldorf 1984.

H. Kühner, Der Antisemitismus der Kirche. Zürich 1976.

M. Lahnstein, Die offene Wunde – Antisemitismus als Schicksal? Berg. Gladbach 2007.

M. Landmann, Das Israelpseudos der Pseudolinken. Berlin 1971.

B. Levis, "Treibt sie im Meer!" Die Geschichte des Antisemitismus. Frankfurt u. Berlin 1987.

R.M. Loewenstein, Psychoanalyse des Antisemitismus. Frankfurt 1967.

C. Lomborosso, Der Antisemitismus und die Juden. Leipzig 1894.

G. Mann, Der Antisemitismus. München u. Frankfurt 1960a.

Meyers Konversations-Lexikon Erster Band, Leipzig u. Wien 1894.

Meyers Lexikon, Erster Band, Leipzig 1936.

Meyers Großes Universal-Lexikon, Band 1, Wien u. Zürich 1981.

P. Navè Levinson, Volk Israel – Eine Kulturgeschichte des Judentums. Hannover 2001.

H.A. Oberman, Wurzeln des Antisemitismus. Berlin 1981.

L. Poliakov, Die Geschichte des Antisemitismus. Worms 1979 (Band 1 ff.).

Z. Rudy, Soziologie des jüdischen Volkes. Reinbek 1965.

D.D. Runes, Die Wurzel der Judenverfolgungen. Darmstadt 1981.

A. Ruppin, Soziologie der Juden. Erster Band, Berlin 1930; Zweiter Band, Berlin 1931.

H.A. Sallen, Zum Antisemitismus in der Bundesrepublik Deutschland. Frankfurt 1977.

A. Schütz, Gesammelte Aufsätze II. Studien zur soziologischen Theorie. Den Haag 1972.

A. Silbermann, Der ungeliebte Jude. Zur Soziologie des Antisemitismus. Zürich 1981.

A Silbermann, Sind wir Antisemiten? Ausmaß und Wirkung eines sozialen Vorurteils in der Bundesrepublik Deutschland. Köln 1982.

A. Silbermann u. J.H. Schoeps (Hg.), Antisemitismus nach dem Holocaust. Bestandsaufnahme und Erscheinungsform in deutschsprachigen Ländern. Köln 1986.

G. Simmel, Das individuelle Gesetz. Philosophische Exkurse. Frankfurt 1968.

W. Sombart, Die Juden und das Wirtschaftsleben. München u. Berlin 1911.

W. Sombart, Die Zukunft der Juden. Leipzig 1912.

M. Sperber, Churban oder Die unfaßbare Gewißheit. Wien 1979.

H. Stein, Moses und die Offenbarung der Demokratie. Berlin 1998.

H.A. Strauss u. N. Kampe (Hg.), Antisemitismus. Von der Judenfeindschaft zum Holocaust. Bonn 1984.

M. Susman, Vom Geheimnis der Freiheit. Darmstadt 1965.

M. Susmann, Das Buch Hiob und das Schicksal des jüdischen Volkes. Franfurt 1996.

W. Sulzbach, Die zwei Wurzeln und Formen des Judenhasses, Stuttgart 1959.

M. Theunissen, Der Andere. (1965) Berlin 1977.

K. Thieme (Hg), Judenfeindschaft. Darstellung und Analysen. Frankfurt 1963.

Jan Heiner Tück, "'Für die Juden' – Irritationen über die abgeänderte Karfreitagsbitte", in: Neue Zürcher Zeitung, 8. Februar 2008, NZZ-Online.

M. Weber, Wirtschaft und Gesellschaft. Köln u. Berlin 1964.

M. Weber, Gesammelte Aufsätze zur Wissenschaftslehre. Tübingen 1973.

E.R. Wiehn (Hg.), Judenfeindschaft – Eine öffentliche Vortragsreihe an der Universität Konstanz 1988/89. Konstanz 1989.

E.R. Wiehn (Hg.), Juden in der Soziologie. Eine öffentliche Vortragsreihe an der Universität Konstanz 1989. Konstanz 1989.

R. Wistrich, Der antisemitische Wahn. Von Hitler bis zum Heiligen Krieg gegen Israel. Ismaning bei München 1987.

G. Zwerenz, Die Rückkehr des toten Juden nach Deutschland. Ismaning b. München 1986.

Ausgewählte neuere Literatur

Aharon Appelfeld, Elternland. Berlin 2007.

Jan Assmann, Das kulturelle Gedächtnis. München 1997.

Jan Assmann, Die Mosaische Unterscheidung. München 2003.

Michael Blume, Warum der Antisemitismus uns alle bedroht – Wie neue Medien alte Verschwörungsmythen befeuern. (Ostfildern 2019)

Michael Borchard, Eine unmögliche Freundschaft – David Ben-Gurion und Konrad Adenauer. Freiburg 2019; dazu: Friedrich Kiessling, "Wenn nur die 'Chemie' stimmt – Die Realpolitiker Konrad Adenauer und David Ben-Gurion als Freunde", in: Frankfurter Allgemeine Zeitung, Nr. 93, 21. April 2020, S .6.

Vilém Flusser, Jude sein – Essay. Mannheim 1995.

Delphine Horvilleur, Überlegungen zur Frage des Antisemitismus. Berlin 2020.

Susan Neiman, Von den Deutschen lernen – Wie Gesellschaften mit dem Bösen in ihrer Geschichte umgehen können. Berlin 2020. – Dazu: Frauke Steffens, "Der erste Schritt ist die Anerkennung eigener Verantwortung – Über den Umgang mit Geschichte_ Susan Neiman geht der Frage nach, ob die Vereinigten Staaten aus deutscher Vergangenheitsbewältigung lernen können", in: Frankfurter Allgemeine Zeitung, Nr. 104, 17. März 2020, S. 10; Hans Rie–bsamen, "Reise in die Vergangenheit – Vom Umgang mit Antisemitismus und Rassismus in Deutschland und en Vereinigten Staaten", in: Frankfurter Allgemeine Zeitung, Nr. 104, 5. Mai 2020, S. 6.

Amoz Oz u. Fania Oz-Salzberger, Juden und Worte. Berlin 2013.

Samuel Salzborn, Kollektive Unschuld. Die Abwehr der Shoah im deutschen Erinnern (Berlin 2020); Dazu: Johanna Christner, "Die größte Lüge? Debattenbeitrag zur Erinnerungskultur", in: Frankfurter Allgemeine Zeitung, Nr. 137, 16. Juni 2020, S. 6.

Ronen Steinke, Terror gegen Juden – Wie antisemitische Gewalt erstarkt und der Staat versagt. Eine Anklage. (Berlin 2020).

Erhard Roy Wiehn, Judentum und Christentum – Gemeinsames und Trennendes im kurzen Überblick. Konstanz 2010.

Erhard Roy Wiehn, Jüdisches Leben und Leiden in Konstanz. Konstanz 2014.

Erhard Roy Wiehn, Aus Geschichte lernen – Kolumnen zur Lage in der Jüdischen Rundschau Basel 1991-1996. Konstanz 2019.

Erhard Roy Wiehn, Abschiebung 1940 – Zur Deportation der südwestdeutschen Jüdinnen und Juden nach Gurs und andere französische Internierungslager 80 Jahre danach zum Gedenken. Konstanz 2020.

*

<u>Dr. Drs.h.c. Erhard Roy Wiehn, M.A.</u>

Prof. (em.) im Fachbereich Geschichte und Soziologie der Universität Konstanz; Veröffentlichungen vor allem zur Schoáh und Judaica.

https://de.wikipedia.org/wiki/Erhard_Roy_Wiehn

http://www.uni-konstanz.de/soziologie/judaica/

Erhard Roy Wiehn (Hg.)

Judenfeindschaft
Eine öffentliche Vortragsreihe
an der Universität Konstanz 1988/89

1. Aufl. 1989, 304 Seiten.
ISBN 3-89191-272-2

Erhard Roy Wiehn (Hg.)

Juden in der Soziologie
Eine öffentliche Vortragsreihe
an der Universität Konstanz 1989

1. Aufl. 1989, 350 Seiten.
ISBN 3-89191-312-5

Erhard Roy Wiehn (Hg.)

Theodor Herzl
Auf der Insel Mainau, in Konstantinopel und in Palästina
als Vater der israelischen Diplomatie 1898
Eine Hommage zum 120-jährigen Jubiläum 2018
70 Jahre nach der Gründung des Staates Israel
Mit vierzehn Briefen Theodor Herzls an Felice Ravenna
Mit Beiträgen der Botschafter a.D. Yosef Govrin und Yoel Sher

1. Aufl. 2018; 202 Seiten.
ISBN 978-3-86628-592-7